列国志

GUIDE TO
THE WORLD
NATIONS 新版

韩　晗　刘凡平
编著

EL SALVADOR

萨尔瓦多

社会科学文献出版社
SOCIAL SCIENCES ACADEMIC PRESS (CHINA)

萨尔瓦多行政区划图

⑤库斯卡特兰省　⑧拉利伯塔德省
　 Cuscatlán　　　　　La Libertad
⑥莫拉桑省　　　　⑨拉巴斯省
　 Morazán　　　　　La Paz
⑦卡瓦尼亚斯省
　 Cabañas

图上的一级行政区名，除已注明
者外，均与一级行政中心同名。

危地马拉、圣
萨尔瓦多附近

萨尔瓦多国旗

萨尔瓦多国徽

圣萨尔瓦多市国家宫夜景（Orlando Flores　摄）

圣萨尔瓦多市莫拉桑广场夜景（Orlando Flores　摄）

霍亚德塞伦考古遗址（萨尔瓦多国家旅游促进局　供图）

塔苏马尔遗址（Orlando Flores　摄）

埃尔波克隆国家公园（萨尔瓦多国家旅游促进局　供图）

阿瓦查潘省阿勒巴尼亚迷宫（萨尔瓦多国家旅游促进局　供图）

冲浪（萨尔瓦多国家旅游促进局　供图）

潜水（萨尔瓦多国家旅游促进局　供图）

科特佩克湖（Martín Cáceres　摄）

火山环形坑（萨尔瓦多国家旅游促进局　供图）

圣安娜火山（Joel Reyes　摄）

圣安娜火山口（Joel Reyes　摄）

海边城市风光（萨尔瓦多国家旅游促进局　供图）

海滩风光（萨尔瓦多国家旅游促进局　供图）

出版说明

　　《列国志》编撰出版工作自 1999 年正式启动，截至目前，已出版 144 卷，涵盖世界五大洲 163 个国家和国际组织，成为中国出版史上第一套百科全书式的大型国际知识参考书。该套丛书自出版以来，受到社会各界的广泛好评，被誉为"21 世纪的《海国图志》"，中国人了解外部世界的全景式"窗口"。

　　这项凝聚着近千学人、出版人心血与期盼的工程，前后历时十多年，作为此项工作的组织实施者，我们为这皇皇 144 卷《列国志》的出版深感欣慰。与此同时，我们也深刻认识到当今国际形势风云变幻，国家发展日新月异，人们了解世界各国最新动态的需要也更为迫切。鉴于此，为使《列国志》丛书能够不断补充最新资料，更好地服务于社会各界，我们决定启动新版《列国志》编撰出版工作。

　　与已出版的 144 卷《列国志》相比，新版《列国志》无论是形式还是内容都有新的调整。国际组织卷次将单独作为一个系列编撰出版，原来合并出版的国家将独立成书，而之前尚未出版的国家都将增补齐全。新版《列国志》的封面设计、版面设计更加新颖，力求带给读者更好的阅读享受。内容上的调整主要体现在数据的更新、最新情况的增补以及章节设置的变化等方面，目的在于进一步加强该套丛书将基础研究和应用对策研究相结合，将基础研究成果应用于实践的特色。例如，增加

了各国有关资源开发、环境治理的内容；特设"社会"一章，介绍各国的国民生活情况、社会管理经验以及存在的社会问题，等等；增设"大事纪年"，方便读者在短时间内熟悉各国的发展线索；增设"索引"，便于读者根据人名、地名、关键词查找所需相关信息。

顺应时代发展的要求，新版《列国志》将以纸质书为基础，全面整合国别国际问题研究资源，构建列国志数据库。这是《列国志》在新时期发展的一个重大突破，由此形成的国别国际问题研究与知识服务平台，必将更好地服务于中央和地方政府部门应对日益繁杂的国际事务的决策需要，促进国别国际问题研究领域的学术交流，拓宽中国民众的国际视野。

新版《列国志》的编撰出版工作得到了各方的支持：国家主管部门高度重视，将其列入"'十二五'国家重点图书出版规划项目"；中国社会科学院将其列为创新工程学术出版资助项目，王伟光院长亲自担任编辑委员会主任，指导相关工作的开展；国内各高校和研究机构鼎力相助，国别国际问题研究领域的知名学者相继加入编辑委员会，提供优质的学术咨询与指导。相信在各方的通力合作之下，新版《列国志》必将更上一层楼，以崭新的面貌呈现给读者，在中国改革开放的新征程中更好地发挥其作为"知识向导"、"资政参考"和"文化桥梁"的作用！

新版《列国志》编辑委员会
2013 年 9 月

前　言

　　自 1840 年前后中国被迫开关、步入世界以来，对外国舆地政情的了解即应时而起。还在第一次鸦片战争期间，受林则徐之托，1842 年魏源编辑刊刻了近代中国首部介绍当时世界主要国家舆地政情的大型志书《海国图志》。林、魏之目的是为长期生活在闭关锁国之中、对外部世界知之甚少的国人"睁眼看世界"，提供一部基本的参考资料，尤其是让当时中国的各级统治者知道"天朝上国"之外的天地，学习西方的科学技术，"师夷之长技以制夷"。这部著作，在当时乃至其后相当长一段时间内，产生过巨大影响，对国人了解外部世界起到了积极的作用。

　　自那时起中国认识世界、融入世界的步伐就再也没有停止过。中华人民共和国成立以后，尤其是 1978 年改革开放以来，中国更以主动的自信自强的积极姿态，加速融入世界的步伐。与之相适应，不同时期先后出版过相当数量的不同层次的有关国际问题、列国政情、异域风俗等方面的著作，数量之多，可谓浩如烟海。它们对时人了解外部世界起到了积极的作用。

　　当今世界，资本与现代科技正以前所未有的速度与广度在国际间流动和传播，"全球化"浪潮席卷世界各地，极大地影响着世界历史进程，对中国的发展也产生极其深刻的影响。面临不同以往的"大变局"，中国已经并将继续以更开放的姿态、更快的步伐全面步入世界，迎接时代的挑战。不同的是，我们所

面临的已不是林则徐、魏源时代要不要"睁眼看世界"、要不要"开放"的问题，而是在新的历史条件下，在新的世界发展大势下，如何更好地步入世界，如何在融入世界的进程中更好地维护民族国家的主权与独立，积极参与国际事务，为维护世界和平，促进世界与人类共同发展做出贡献。这就要求我们对外部世界有比以往更深切、全面的了解，我们只有更全面、更深入地了解世界，才能在更高的层次上融入世界，也才能在融入世界的进程中不迷失方向，保持自我。

与此时代要求相比，已有的种种有关介绍、论述各国史地政情的著述，无论就规模还是内容来看，已远远不能适应我们了解外部世界的要求。人们期盼有更新、更系统、更权威的著作问世。

中国社会科学院作为国家哲学社会科学的最高研究机构和国际问题综合研究中心，有 11 个专门研究国际问题和外国问题的研究所，学科门类齐全，研究力量雄厚，有能力也有责任担当这一重任。早在 20 世纪 90 年代初，中国社会科学院的领导和中国社会科学出版社就提出编撰"简明国际百科全书"的设想。1993 年 3 月 11 日，时任中国社会科学院院长胡绳先生在科研局的一份报告上批示："我想，国际片各所可考虑出一套列国志，体例类似几年前出的《简明中国百科全书》，以一国（美、日、英、法等）或几个国家（北欧各国、印支各国）为一册，请考虑可行否。"

中国社会科学院科研局根据胡绳院长的批示，在调查研究的基础上，于 1994 年 2 月 28 日发出《关于编纂〈简明国际百科全书〉和〈列国志〉立项的通报》。《列国志》和《简明国际百科全书》一起被列为中国社会科学院重点项目。按照当时的计划，首先编写《简明国际百科全书》，待这一项目完成后，再着手编写《列国志》。

1998 年，率先完成《简明国际百科全书》有关卷编写任务的研究所开始了《列国志》的编写工作。随后，其他研究所也陆续启动这一项目。为了保证《列国志》这套大型丛书的高质量，科研局和社会科学文献出版社于 1999 年 1 月 27 日召开国际学科片各研究所及世界历史研究所负责人会议，讨论了这套大型丛书的编写大纲及基本要求。根据会议精神，科研局随后印发了《关于〈列国志〉编写工作有关事项的通知》，陆续为启动项目拨付研究经费。

为了加强对《列国志》项目编撰出版工作的组织协调，根据时任中国社会科学院院长李铁映同志的提议，2002 年 8 月，成立了由分管国际学科片的陈佳贵副院长为主任的《列国志》编辑委员会。编委会成员包括国际片各研究所、科研局、研究生院及社会科学文献出版社等部门的主要领导及有关同志。科研局和社会科学文献出版社组成《列国志》项目工作组，社会科学文献出版社成立了《列国志》工作室。同年，《列国志》项目被批准为中国社会科学院重大课题，新闻出版总署将《列国志》项目列入国家重点图书出版计划。

在《列国志》编辑委员会的领导下，《列国志》各承担单位尤其是各位学者加快了编撰进度。作为一项大型研究项目和大型丛书，编委会对《列国志》提出的基本要求是：资料翔实、准确、最新，文笔流畅，学术性和可读性兼备。《列国志》之所以强调学术性，是因为这套丛书不是一般的"手册""概览"，而是在尽可能吸收前人成果的基础上，体现专家学者们的研究所得和个人见解。正因为如此，《列国志》在强调基本要求的同

时，本着文责自负的原则，没有对各卷的具体内容及学术观点强行统一。应当指出，参加这一浩繁工程的，除了中国社会科学院的专业科研人员以外，还有院外的一些在该领域颇有研究的专家学者。

现在凝聚着数百位专家学者心血，共计141卷，涵盖了当今世界151个国家和地区以及数十个主要国际组织的《列国志》丛书，将陆续出版与广大读者见面。我们希望这样一套大型丛书，能为各级干部了解、认识当代世界各国及主要国际组织的情况，了解世界发展趋势，把握时代发展脉络，提供有益的帮助；希望它能成为我国外交外事工作者、国际经贸企业及日渐增多的广大出国公民和旅游者走向世界的忠实"向导"，引领其步入更广阔的世界；希望它在帮助中国人民认识世界的同时，也能够架起世界各国人民认识中国的一座"桥梁"，一座中国走向世界、世界走向中国的"桥梁"。

《列国志》编辑委员会

2003 年 6 月

萨尔瓦多前驻华大使序

　　新版列国志《萨尔瓦多》一书的付梓无疑是有所裨益和非常重要的，它将引领企业家、游客、商务人士以及美食界、文化界等有志于同萨尔瓦多开展各领域交流活动的中国人民，从最新视角广泛而全面地理解这个国家。

　　这本书的重要性在于它通过深入分析和历史研究呈现了萨尔瓦多的国家特点。全面了解一个国家的面貌并非易事，因此这本书，为有意了解萨尔瓦多的中国民众提供了广泛多样的真实、可信和具体信息。

　　诸多因素构筑了阻碍萨尔瓦多同中国进行深入交流的藩篱，首先显然是地理因素，两国相距遥远，因此双方交流非常有限。另外，近五年来两国外交关系得到提升，但此前萨尔瓦多的文化和国情在中国鲜为人所传播。

　　本书将成为让更多人对认识和亲赴萨尔瓦多萌生兴趣的有力工具。作为一个拥有前哥伦布文化遗址和拉美文化的国度，萨尔瓦多有宜人的热带气候和优越的地理位置，有助于实现北美和南美大陆双向贸易活动的便利化。

　　另外，当今世界正朝着多极化、多元化和全球化发展，萨尔瓦多也日益明确地展现向全球开放的姿态。这一全球目标的实现无疑将为萨尔瓦多带来更大利好。鉴于此，萨尔瓦多有意积极推动塑造国家独特性的全部有益进程，并希望同时拥有向他国，特别是中国及其文化学习的机会。

　　萨尔瓦多与重要战略市场的近距离，提高了其商业和旅游业潜力。因此萨尔瓦多希望加强与全世界各国的友好联系。特别是在中国推动的南南合作框架下，传播萨尔瓦多的最重要信息是推动并活跃双方交流的最好方式。

　　同时，值得注意的是，为实现上述发展，萨尔瓦多政府在近四年做出了大量努力。今天，萨尔瓦多在政治、宏观经济和安全方面实现了稳定发展，国家最大限度地满足了萨尔瓦多人民的公共需求。

　　最后需要提到的是，萨尔瓦多欣赏并认同中国作为新兴经济体，为实现人民繁荣，构建让人民生活更有尊严、更幸福和完善的和谐社会所做出的艰苦卓绝的努力。

　　萨尔瓦多关注、尊重并认同中国近年来在各领域取得的进展。中国还探寻出了更具有国家特色、符合自身的发展道路，萨尔瓦多也需要做出相同努力。为此，我们诚挚邀请各位一同深入认识如此迷人又充满机遇的萨尔瓦多。

　　　　　　　　　　　阿尔多·阿尔瓦雷斯（Aldo Álvarez）

　　　　　　　　　　　萨尔瓦多驻华大使

　　　　　　　　　　　2023 年 4 月

导　言

　　萨尔瓦多地处中美洲，位于太平洋沿岸。萨尔瓦多一年四季气候宜人，蓝天如洗，海水蔚蓝且清澈，拥有壮丽的海岸美景。

　　萨尔瓦多历史悠久，最早的人类活动可以追溯至公元前1200年前后。殖民时期，萨尔瓦多属于西班牙帝国的一部分，受到殖民统治的影响。19世纪初期，萨尔瓦多获得了独立。此后，萨尔瓦多长期处于区域冲突中。20世纪早期，萨尔瓦多成为中美洲地区较为强大的经济体。然而，政治和社会问题仍然存在，在20世纪中期，萨尔瓦多历经了一系列的内战和政治动荡。内战结束后，萨尔瓦多的政治和经济局势逐渐稳定，成为中美洲地区经济增长较快的国家之一。

　　萨尔瓦多民族文化多元，旅游资源丰富，近年来日益吸引国际游客的到来。萨尔瓦多拥有多样的自然和人文景观，既有壮丽的火山，又有绵延的海滩。圣萨尔瓦多市充满历史文化气息的街道，著名的教堂和人类学博物馆，讲述着当地的历史和文化。

　　萨尔瓦多的美食充满本国特色，传统菜肴有红豆饭、炒玉米饼和烤牛肉。著名的普普萨斯（pupusas）玉米饼，是玛雅玉米文化的传承，更是当地佳肴之一。萨尔瓦多物产丰富，从蓝靛到棉花，再到今天的咖啡，始终吸引着世界的目光。

　　时至今日，我国尚无全面、系统介绍萨尔瓦多的专著。随着中华人民共和国和萨尔瓦多共和国正式建立外交关系，两国政府、人民往来不断加强。中国读者认识和了解萨尔瓦多的诉求日渐提升。为了让更多的中国人认识萨尔瓦多、了解萨尔瓦多，作为长期从事萨尔瓦多国别问题研究的学者，多年的学术经历，让我们感到撰写《萨尔瓦多》一书的必要性。从收集材料、构思、撰写到完成初稿，历时近2年时间。随后，我们本着尽善尽美的目的对书稿进行了多次修改。力求本书数据和资料最新、权威，客观、系统且较为全面地介绍萨尔瓦多的各个领域。限于国别研究的全面性、本书撰写时间的紧迫性与撰稿人研究领域的有限性，本书中如有疏漏及笔误，恳请读者指正。

　　在本书写作过程中，笔者得到了中国社会科学院拉丁美洲研究所有关领导、同事，特别是柴瑜、杨志敏、赵倩、李雪、朱颖等师友的指导和帮助，我们非常感激。

　　此外，我们要特别感谢萨尔瓦多驻华使馆前任大使阿尔多·阿尔瓦雷斯先生亲自为本书撰写序言。感谢萨尔瓦多总统办公室、萨尔瓦多外交部及其文化和体育促进局、萨尔瓦多旅游部及其国家旅游促进局、萨尔瓦多驻华使馆及其学术和文化处的大力帮助。特别向路易斯·洛佩斯大使、卡罗琳娜·萨拉拉公参、宝拉·卡巴列罗参赞及使馆中秘刘璇女士对本书的无私贡献致敬。特别鸣谢远在大洋彼岸的摄影师奥兰多·佛洛莱丝、约珥·雷耶斯、马丁·卡萨莱斯、奥斯卡·波拉尼奥斯、米格尔·塞尔维咏、埃尔奈斯托·卡诺萨等。再次感谢上述机构和个人为本书提供有关萨尔瓦多的宝贵照片和资料。

　　最后，作为本书作者，十分感谢社会科学文献出版社的领导和编辑，感谢他们为本书所付出的努力。

值此出版之际，恰逢中国与萨尔瓦多建交六周年。这本书是笔者多年来研究萨尔瓦多的重要成果，也希望借此向推动两国友谊不断发展的中国和萨尔瓦多两国人民致敬。

韩　晗　刘凡平

2024 年 9 月于中国社会科学院拉丁美洲研究所

CONTENTS

目　录

CONTENTS
目 录

CONTENTS
目 录

CONTENTS
目 录

CONTENTS
目 录

CONTENTS
目　录

CONTENTS

目 录

第一章

概　览

第一节　国土与人口

一　地理位置与国土面积

萨尔瓦多全称萨尔瓦多共和国（The Republic of El Salvador, La República de El Salvador），是拉丁美洲面积较小、人口密度较大的国家。它位于中美洲北部的火山带上，是唯一没有与加勒比海相连的中美洲国家。

萨尔瓦多国土面积为 2.072 万平方千米，形状大致呈矩形，东北部与洪都拉斯相邻，西北部与危地马拉接壤，南濒太平洋，东南部与尼加拉瓜之间由丰塞卡湾（Golfo de Fonseca）隔开。

二　地形特点

萨尔瓦多平均海拔约 650 米，两条平行的山脉从东到西横穿萨尔瓦多，它们之间是中部高原和环抱太平洋的狭窄的沿海平原。占地85%的山地和高原构成内陆高地，其余的沿海平原则被称为太平洋低地。

北部山脉和马德雷山脉（Sierra Madre），与洪都拉斯边境地区的山地形成连续的山区和高地。埃尔皮塔尔山（Cerro El Pital）是萨尔瓦多最高的山峰，位于马德雷山脉的北部，海拔 2730 米。

南部山脉则由断续分布的 20 余座火山组成，因此萨尔瓦多也被称为"火山之国"。南部山脉最西端位于萨尔瓦多和危地马拉边境附近，包括伊萨尔科（Izalco）火山和全国最高的圣安娜（Santa Ana）活火山（海拔2385 米，高度还在不断增加）。火山之间有冲积盆地和连绵起伏的火山灰堆积物侵蚀的丘陵。火山土壤营养丰富，所以萨尔瓦多大部分咖啡种植在这些地区的山麓上。

中部高原地区仅占国土面积的 25%，却是人口最密集的地区，并拥有全国最大的城市。该地区平均海拔约 600 米，地形高低起伏，有悬崖、熔岩田和间歇泉等自然景观。

萨尔瓦多的平原地区位于火山区域到太平洋之间。该地区的宽度从1000 米到 32 千米不等，东部最宽的一段，靠近丰塞卡湾。在拉利伯塔德（La Libertad）附近，山脉紧挨低地，从而导致相邻火山的余脉直接进入大海。太平洋低地的地表一般较为平坦，有些地区轻微起伏，这是附近山坡的风化造成的。

萨尔瓦多有 300 多条河流，其中最重要的是伦帕河（Lempa）。伦帕河源头位于危地马拉，横穿北部山脉，流经中部高原大部分地区，最终穿越南部火山区域，进入太平洋。这是萨尔瓦多唯一的通航河流，其他河流通常较短。萨尔瓦多是唯一不临加勒比海的中美洲国家，萨尔瓦多的太平洋海岸线也相对有限，因而它的海洋运输业发展受到影响。

萨尔瓦多内陆有许多火山湖泊，这些湖泊大部分被高山包围。全国第一大湖是位于首都东部的伊洛潘戈湖（Lago de Ilopango），该湖长约 13 千米，宽约 9000 米，面积约 100 平方千米。其他大型湖泊包括西部的科特佩克湖（Lago de Coatepeque）和位于萨尔瓦多与危地马拉交界处的圭哈湖（Lago de Güija）。

萨尔瓦多还是地震频发之国。萨尔瓦多地处环太平洋火山带，由于太平洋板块、纳斯卡板块和科科斯板块之间相互作用，萨尔瓦多是地球上地震最活跃的地区之一。这些板块的运动和相对挤压导致了该地区的地震和火山活动。

萨尔瓦多在历史上曾遭遇数次破坏性的地震和火山喷发。20 世纪，共计发生 13 次大地震，其中最严重的三次分别发生在 1951 年、1965 年和 1986 年。从 19 世纪初到 20 世纪 50 年代中期，伊萨尔科火山的规律性爆发，被称为"太平洋之光"。2001 年 1 月 13 日和 2 月 13 日分别发生的里氏 7.6 级和里氏 6.6 级地震，造成超过 1000 人死亡，其中地震引起的山体滑坡，造成 800 多人死亡。近年来，圣米格尔火山和伊萨尔科火山较活跃。2005 年，圣安娜火山喷发造成人员伤亡，2000 多人被迫撤离。

三 气候

萨尔瓦多属于热带气候，全年分为旱季和雨季。气温随着地区海拔的不同而变化。太平洋低地炎热，中部高原和山区气候凉爽。

每年的 5~10 月是萨尔瓦多的雨季，当地称为冬季。几乎全年的降水都集中在这个时期，特别是在南面的山坡上，年降水量近 2000 毫米。但中部高原地区降水量相对其他地区较少。这个时期的降水通常发生在下午，并伴随雷暴，严重时道路会因山体滑坡而封闭。

从 11 月到次年 4 月是萨尔瓦多的旱季，天气干燥而炎热，当地称为夏季。萨尔瓦多的大米、玉米、豆类、油菜、棉花和高粱等主要农作物通常在这个季节种植。

太平洋低地是萨尔瓦多最热的地区，年平均气温为 25℃~29℃。首都圣萨尔瓦多是典型中部高原地区城市，年平均气温为 23℃，最高气温为 38℃，最低气温为 7℃。山区气候最凉爽，年平均气温为 12℃~23℃。

另外，萨尔瓦多位于太平洋海岸，容易受到恶劣天气变化，如厄尔尼诺和拉尼娜现象的影响，会导致洪水或者干旱的发生。2014 年，萨尔瓦多发生了该国自 1977 年以来最严重的干旱，导致萨尔瓦多东部地区的农作物受损严重。偶尔在太平洋形成的飓风则很少影响萨尔瓦多。

四 行政区划

萨尔瓦多全国划分为 14 个省份，各省之下原共设 262 个市。2023 年，布克尔总统推动将地方城市数减少至 44 个。萨尔瓦多各省概况如下。

阿瓦查潘（Ahuachapán） 阿瓦查潘是萨尔瓦多最西端的省份，据世界银行统计数据，2021年，拥有约36.9万人口，首府也叫阿瓦查潘。帕斯（Paz）河流经该省。阿帕内卡－依拉玛铁佩（Apaneca-Ilamatepec）山脉位于该省。这里是1822年萨尔瓦多人与墨西哥皇帝奥古斯汀·德·伊图巴维德（Agustin de Iturbide）首次交战的地方。阿瓦查潘的经济主要依靠咖啡、豆类和果树种植。

卡瓦尼亚斯（Cabañas） 该省位于萨尔瓦多北部的中心地带，首府为森孙特佩克（Sensuntepeque）。整个省份处于小丘陵地带，卡瓦尼亚斯省名字就是"四百座丘陵"的意思。这里气候全年凉爽宜人，非常吸引游客。该省有著名的佩隆山（Cerro Pelón），盛产豆类和甘蔗，2021年人口约15.4万。

查拉特南戈（Chalatenango） 该省位于萨尔瓦多西北部，首府与省份同名。查拉特南戈以马特拉斯（Las Matras）考古遗址而闻名。这里有著名的"十一月五日"水电大坝，还有全国最高的埃尔皮塔尔山。2021年人口约27.6万。

库斯卡特兰（Cuscatlán） 该省位于萨尔瓦多中部，是萨尔瓦多面积最小的省份，首府是科胡特佩克（Cojutepeque），2021年人口约29.2万。库斯卡特兰最初是萨尔瓦多西部土著居民的称谓，省内多山和山谷。该省的香肠非常出名。

拉利伯塔德（La Libertad） 该省位于萨尔瓦多西南部，2021年人口约86.3万，拥有最著名的冲浪海滩。首府是圣特克拉（Santa Tecla）。

拉巴斯（La Paz） 该省位于萨尔瓦多中南部地区，首府是萨卡特科卢卡（Zacatecoluca），2021年人口约37.4万。拉巴斯以其史前遗迹而闻名。这里是独立英雄何塞·西梅翁·卡尼亚斯（José Simeón Cañas y Villacorta，1767~1838年）博士的诞生地。

拉乌尼翁（La Unión） 该省位于萨尔瓦多最东端，2021年人口约27.6万，首府也叫拉乌尼翁。以康查瓜（Conchagua）寺及因蒂普卡（Intipucá）和梅安格拉镇（Meanguera）的古代遗迹而闻名。

莫拉桑（Morazán） 该省位于萨尔瓦多东北部，毗邻洪都拉斯，是萨尔瓦多受内战影响最大的地区。该省最北端的佩昆镇是内战期间法拉本多·马蒂民族解放阵线（马解阵线）游击队的根据地，时至今日，仍然是马解阵线政治支持的坚实基础。当年厄尔蒙左提（El Mozote）大屠杀就发生在莫拉桑省。2021 年该省人口约 24.7 万，居民稀疏地定居在众多的丘陵、山谷和茂密的丛林之中。首府是圣弗朗西斯科（San Francisco）。

圣米格尔（San Miguel） 该省位于萨尔瓦多东部，距首都圣萨尔瓦多市约两个半小时车程。首府为圣米格尔市。2021 年人口为 46.5 万。

圣萨尔瓦多（San Salvador） 该省是萨尔瓦多重要的省份，位于国家中西部，与国家首都同名。2021 年全省人口约 256.4 万。该省的农作物以咖啡、豆类和甘蔗为主。

圣维森特（San Vicente） 该省位于萨尔瓦多中部，首府也叫圣维森特，始建于 1635 年。2021 年人口约 17.7 万。

圣安娜（Santa Ana） 该省位于萨尔瓦多西部，毗邻洪都拉斯和危地马拉，拥有著名的玛雅遗址特拉皮切（Trapiche）、卡萨布兰卡（Casa Blanca）和塔苏马尔（Tazumal）。皮皮尔人（Pipiles）在 1200 年到 1400 年在圣安娜地区生活，从事生产活动，于 1528 年被西班牙征服者打败。这里有著名的圣安娜火山、金戈（Chingo）火山。伦帕河也流经该省。2021 年人口约 95 万。

松索纳特（Sonsonate） 该省建有来往于圣萨尔瓦多和南部太平洋海岸港口城市阿卡胡特拉（Acajutla）之间的铁路线。2021 年人口约 50.3 万，曾经是中美洲主要农产品、工业产品重要的产地，主要生产陶器、棉布、糖、雪茄、酒精、淀粉、篮子和席子等。阿卡胡特拉港是萨尔瓦多咖啡和糖出口以及粮食进口的重要港口。

乌苏卢坦（Usulután） 该省是印第安人聚居区，首府也叫乌苏卢坦。乌苏卢坦是萨尔瓦多面积最大的省份，2021 年人口约 36.7 万。

五 人口、民族和语言

1. 人口

2018 年萨尔瓦多人口约 658.2 万，其中印欧混血人占 86%，欧洲人

后裔占 13%，印第安人占 1%。① 萨尔瓦多是中美洲小国，也是该地区人口最稠密的国家之一。首都圣萨尔瓦多是萨尔瓦多最大的城市，人口占全国人口的近 1/3。2017 年，萨尔瓦多人口增长率为 0.25%，出生率为 16.2‰，死亡率为 5.8‰。萨尔瓦多婴儿死亡率为 22.88‰。2017 年，萨尔瓦多人口的男女性别比为 0.93∶1。② 居民平均寿命是 74.9 岁，其中男性为 71.6 岁，女性为 78.3 岁。2018 年，城市人口占 72%。2021 年萨尔瓦多人口结构见表 1-1。

表 1-1　2021 年萨尔瓦多人口结构

单位：%，万人

年龄	人口占比	男性人口数量	女性人口数量
0~14 岁	26	87.66	83.82
15~64 岁	65	193.56	229.27
65 岁及以上	9	23.74	33.80

资料来源：笔者根据世界银行网站萨尔瓦多相关资料整理。

　　进入 21 世纪以来，萨尔瓦多人口增长缓慢，青少年人口减少，逐渐步入老龄化社会。从 20 世纪 20 年代中后期开始，避孕措施的普及使萨尔瓦多的生育率降低。

　　萨尔瓦多至少有 20% 的人口侨居在海外。1979 年至 1992 年内战期间，很多萨尔瓦多人逃至美国，也有人前往加拿大、墨西哥、危地马拉、洪都拉斯、尼加拉瓜和哥斯达黎加，成为难民。之后，由于萨尔瓦多经济形势恶化、发生自然灾害（1998 年米奇飓风和 2001 年地震），以及为了和在国外的家人团聚，20 世纪 90 年代至 21 世纪初期，移民美国的人数再次增加。根据 2010 年全国人口普查数据，危地马拉是仅次于美国的接

---

① 《萨尔瓦多》，中国外交部网站，http：//www.fmprc.gov.cn/web/gjhdq_ 676201/gj_ 676203/bmz_ 679954/1206_ 680678/1206x0_ 680680/。

② The World Factsheet Central America and Caribbean：EL SALVADOR，https：//www.cia.gov/library/publications/the-world-factbook/geos/es.html.

收萨尔瓦多移民的第二大国家，仅在危地马拉就约有 11 万萨尔瓦多人。海外移民的增加，促使侨汇增加，侨汇收入约占萨尔瓦多 GDP 的 20%，是萨尔瓦多第二大外部收入来源。

2. 民族

虽然从近代历史上看，萨尔瓦多一直是包括黑人、印第安人、西班牙裔和北欧人在内的多元化族裔的聚居地，但到了 20 世纪 80 年代，该国人口在种族融合和文化认同过程中，逐渐同质化。事实上，多数萨尔瓦多人以西班牙语作为他们的母语，绝大多数人口被定义为混血儿或拉丁裔，这意味着土著居民和西班牙人的习俗和习惯已经融合，并形成了特有的西班牙美洲文化模式。

尽管在萨尔瓦多西部地区还居住有少量部族，但是，与其他中美洲国家相比，萨尔瓦多没有出现种族或语言差异巨大的土著人口。在 20 世纪，除了西班牙风格的美洲文化，该地区的非洲裔没有形成独特的种族或文化。在地理大发现前的几千年间，皮皮尔人、纳华人、乔尔蒂人和其他族群深深地扎根在这片土地上。随着殖民者的到来，拉丁裔和白种人逐渐占据主导地位。而 1932 年的"大屠杀"事件进一步导致土著居民人口大量减少。在此次事件中，政府为追捕土著人和持不同政见的团体，造成 3 万多名当地人死亡。

另外，其他族群也在萨尔瓦多的国民生活中发挥着作用，如阿拉伯人、华人和犹太人。他们的各种信仰也都不同程度地融入了萨尔瓦多的社会和文化中。

3. 语言

萨尔瓦多的官方语言为西班牙语，是由西班牙殖民者带到这片土地上来的。目前，萨尔瓦多人几乎全部使用西班牙语，只有少部分土著居民使用掺杂着西班牙语的方言，这一方言也被称为卡利切语（Caliche）。在西班牙殖民统治之前，皮皮尔人定居于此，使用纳华特语（Nawat）。在殖民统治时期，殖民者马克西米利亚诺·埃尔南德斯·马丁内斯（Maximiliano Hernandez Martinez）对众多土著人进行屠杀，以镇压当地居民的反抗，而那些幸存下来的土著人不得不通过改变他们的服饰和改用西

班牙语来获得生存的机会。因此，纳华特语在 1932 年以后几近消亡。皮皮尔人的语言只有只言片语留存于萨尔瓦多的日常用语中。

六　国旗、国徽和国歌

1. 国旗

萨尔瓦多国旗启用于 1822 年，1865 年被撤销，1912 年恢复，1972 年宪法正式确定了国旗。国旗呈长方形，长宽之比为 335：189。旗面自上而下由蓝、白、蓝三个平行相等的横长方形相连而成，白色部分中央绘有国徽图案。因萨尔瓦多曾是中美洲联邦的成员国，其国旗颜色与原中美洲联邦国旗的颜色相同。蓝色象征广阔的蓝天和中美洲两大海洋，白色象征和平。萨尔瓦多文化作为中美洲文明的一部分，以种植靛蓝而闻名。因此，蓝色也是萨尔瓦多印第安文化和身份的象征。

2. 国徽

萨尔瓦多国徽受中世纪哥特风格的影响，由本国地理环境、《圣经》和美洲土著形象等元素融合而成，自 1912 年 9 月 15 日确立以来一直沿用至今。国徽中心由等边三角形组成，三角形的三条黄线分别代表平等、真理和正义。在三角形内，从左侧开始 5 座火山在太平洋、大西洋间突起，象征中美洲联邦五国。每座火山的右侧在阳光的照耀下泛起金黄色。"自由之竿"和红色弗里吉亚"自由之帽"高高矗立于火山山峰之巅，放射出自由和解放的光芒。金光中写着"1821 年 9 月 15 日"，代表萨尔瓦多的独立日，天空中的彩虹洋溢着欢乐和希望。三角形后是 5 面底端绑在一起的中美洲联邦的蓝白条纹旗，表达了萨尔瓦多要求重组联邦的愿望。一面旗帜立在正中央，其他四面则像翅膀一样分列在两边。每面旗帜的旗杆都是木质长矛，象征着萨尔瓦多人民的精神。下端是一条黄色饰带，上面用黑色大写西班牙文写着"上帝、团结、自由"。由 14 个不同部分组成的绿色月桂枝叶环绕在三角形外围，使国徽呈圆形，象征着萨尔瓦多的 14 个行政区，最外圈金色的西班牙文写着国名"中美洲萨尔瓦多共和国"。

3. 国歌

萨尔瓦多国歌《自豪地向我们的祖国致敬》（*Himno Nacionalde El*

Salvador），由胡安·何塞·卡尼亚斯（Juan José Cañas）将军于1856年作词，意大利人胡安·阿伯勒（Juan Aberle）在1879年为其谱曲，1879年9月15日被选为国歌，1953年12月11日被政府正式承认。

歌词大意为：

> 让我们向祖国自豪地敬礼，
> 我们被称为她的孩子，
> 让我们发誓我们的生活将生气勃勃，
> 萨尔瓦多，
> 没有比这更美的，祝圣！
>
> 在极乐世界中享受和平，
> 萨尔瓦多拥有崇高的梦想，
> 去实现她永恒的主张，
> 坚持主张，她的伟大光耀壮丽！
> 和所向无敌的救世主一起前进，
> 她努力地跟随救世主，
> 去实现她伟大的命运，
> 去征服一个欢乐的未来，
> 一个巨大的屏障护着她，
> 防御猛冲来的邪恶的背叛。
> 自从她的旗帜飘扬的那天开始，
> 用她的血书写着自由，
> 书写着自由。
>
> 自由成为她的教义和指导；
> 她无数次设法捍卫它，
> 她多次击退
> 暴虐可怖的邪恶力量。

她的历史充满血腥和悲伤，

却也崇高而辉煌，

有着自己朴素的骄傲。

她天生的勇敢从不动摇：

每位子民心中都有一位不朽的英雄，

英雄告诉他们如何保持自身

古老的勇气。

所有的人都忠实而虔诚，

战士般英勇是传统，

并以此为荣，

拯救祖国的荣誉。

尊重他人的权利，

公正和争议是她的子民行动的准则，

对这里，没有阴谋诡计，

只有永恒的雄心壮志，

她以此坚持不懈，

顽强献身，

抵抗战争；

和平就是她的财富。

第二节　宗教与民俗

一　宗教

在哥伦布"发现"新大陆前，萨尔瓦多的土著居民同美洲大陆其他地区的居民一样，信仰由玛雅文明主导的各种形式的原始宗教，以图腾崇拜、自然神崇拜等形式进行祭祀和举办相关仪式或活动。16世纪，随着西班牙殖民者的入侵，天主教被引入，并在殖民化进程中，不断渗透到当地居民的生活中，大多数人皈依成为天主教徒。随着信仰人数的不断增加，天主教逐渐成为当地的主要宗教。内战结束后，天主教会恢复了传统的保守立场。受美国基督教派的影响，新教在萨尔瓦多逐渐发展，并占有一定的比重。在萨尔瓦多的新教中，五旬节派和福音派教会人数增长最快。20世纪最后20年，福音派教会的发展有以下原因。首先，天主教徒往往是政府镇压的目标，因为他们在基督教社区中有"颠覆"性的活动，而福音派则很少受到政府压制。其次，福音派强调个人信仰的转变是非政治性的。最后，小型福音派教会注重提倡社区和家庭意识。

1. 天主教

作为曾经的西班牙殖民地，罗马天主教在萨尔瓦多的宗教中占据主导地位。20世纪80年代末，大部分萨尔瓦多人至少名义上是罗马天主教徒，教会仪式渗透到了全国的文化和社会中。做礼拜是当地民众，特别是女性必不可少的活动。民众会自发地到教堂围观圣礼和受洗礼；村镇和城市在重要宗教节日里也会举行庆祝活动。但是，与其他中美洲国家不同的是，萨尔瓦多是相对世俗化的国家。例如，20世纪60年代后期该国提倡避孕所遭到的反对比拉丁美洲其他地区都要小。宗教婚礼也并不盛行，当然这也与当地民众长期处于贫困状态密不可分。

虽然罗马天主教会作为典型的统治阶级代表，对教义采取保守主义态度，但在20世纪30年代，天主教改革派"基督教社会主义"在萨尔瓦多诞生。改革派同情普通民众的困境、主张人民起义，反对政府的暴力镇压。基督教社会主义的影响一直持续到20世纪60年代初期，它强调纠正社会弊病是教会基层教众的义务，无须单纯依靠主教和教会。基督教社会主义虽然无法从根本上改变国家的基本社会和政治结构，但仍在一定程度上对当时的政治体系产生了影响。

路易斯·查韦斯·冈萨雷斯（Luis Chavez y Gonzalez）是一位具有社会和宗教影响力的人物。他从1939年到1977年任圣萨尔瓦多大主教。在任期间，他积极倡导改善底层贫困人民的生活。他认为应该将教士看成一种职业。他在圣萨尔瓦多修建了一所神学院，成立了专门传授天主教教义

的庇护十二世研究院（Pius XII Institute），他还曾派遣神职人员赴欧洲留学。萨尔瓦多的神职人员大多数来自农村家庭。他们出身虽然相对富裕，但并不是城市中产阶级，因此与农民的关系更为密切。在20世纪50年代初期，查韦斯还鼓励由于资本主义农业综合企业扩张而失去土地的农民以合作社形式进行生产，并派遣教士到加拿大学习当地合作社的运营模式。从这个意义上说，他的理念与后来萨尔瓦多基督教民主党（Partido Democrata Cristiano，PDC）倡导的社群主义是一致的。

20世纪60年代后期，随着拉美地区工人阶级力量的壮大和农民政治觉悟的提高，拉美地区的教会不得不进行一系列的改革。受第二次梵蒂冈大公会议（1962~1965年）、教皇约翰二十三世的社会通谕，以及1968年在哥伦比亚麦德林举行的第二届拉丁美洲天主教会议的影响，萨尔瓦多的罗马天主教会的社会态度发生改变。这些会议，尤其是麦德林会议，强调罗马天主教神职人员需要更多地参与和了解教区民众的生活，提倡积极主动改善底层大众的生活条件。这也是之后"解放神学"的萌芽。

由于天主教会立场向底层民众的倾斜，贫穷的基层天主教徒自发成立了一个团体——基层教徒社团。社团坚持社会公平的理念，提倡教众独立思考宗教、政治和经济等民生问题。它作为一种新的教会模式，即"穷人的教会"，引起了人们对教会性质和社会政治结构的反思。在萨尔瓦多，查韦斯大主教对社会穷苦大众的关切为"解放神学"的发展奠定了基础。

许多农村社区的居民很乐于接受基层教徒社团的教义。通常，基层教徒社团会组织一名教士或受过训练的宗教工作者用几周时间向20~30名当地教区居民传授知识。他们可以研究和讨论《圣经》中的某些段落并组织社区活动。社团强调底层民众在社会变革中的作用，探讨导致农民和工人陷入持续贫困境地的社会、经济和政治原因，普及穷人和富人在上帝面前皆平等的理念。20世纪70年代，大约15000名当地的基层教徒领袖、传教士、宗教工作者在萨尔瓦多各地设立的7个中心接受进一步培训，研究《圣经》、礼拜仪式、农业、合作主义等，为他们在社区发展工作中成为宗教、社会和政治领袖奠定了基础。

基层教徒社团遭到来自资本和政治精英方的骚扰和抵制。大多数主教支持教会的传统角色、等级制度的传统权威以及政府的压倒性权威。但社团得到了教区教士的支持，他们赞成基层教徒社团的发展并主张扩大对穷人的援助。

20 世纪 70 年代后期，右翼团体的暴力事件已经开始针对那些同情基层教徒社团的神职人员和其他教会工作人员，理由是他们协助底层贫民进行颠覆性活动。随着内乱的普遍加剧，萨尔瓦多天主教内部呈现两极分化。大多数主教支持教会的传统角色、传统等级权威以及政府的绝对权力，另一部分则更倾向于发展基层教徒社团，并支持扩大对穷人的援助。

大主教又一次变得至关重要。1977 年，查韦斯大主教辞职，大主教一职由奥斯卡·阿努尔福·罗梅罗·加尔达梅斯（Oscar Arnulfo Romero y Galdamez）主教接任。和他的前任一样，罗梅罗大主教公开表示支持普通民众，通过各种渠道和形式宣扬社会公平的理念。随着政治局势进一步紧张，罗梅罗大主教的影响力越来越令右翼政府难以接受，其于 1980 年 3 月遭到暗杀而身亡。

20 世纪 80 年代初，针对基层教会的暴力活动仍持续不断。教士人数减少，40% 的农村教区缺少教士，许多基层教徒社团被取缔或被迫转到地下活动。15000 名社团领导者中，有的加入游击队，有的则完全退出教会活动。同时，在罗梅罗被谋杀后，被任命为大主教的阿尔托罗·里维拉·达马斯采取了与基层教民保持距离的态度。他认为，教会应该在萨尔瓦多采取更加保守和观望的态度，以达到和梵蒂冈教皇当时的保守态度相一致的目的。与此同时，从基层教徒社团中分离出来的部分教士组成了一个小型的、相对独立的"人民教会"，他们继续在左翼游击队活跃的地区开展工作，向当地民众强调有组织的社团在穷人中的社会和政治重要性。

进入 21 世纪后，萨尔瓦多的宗教信仰仍以天主教为主，但新教也得到了一定的发展，新教徒约占 20%，其中福音派和五旬节派发展最快。

2. 福音派新教

20 世纪，新教传教士在萨尔瓦多相当活跃，他们大多数来自北美地区的福音派。福音派通过组织、参与跨地区经济活动和国际救灾组织进行传教活动。其教义被翻译成西班牙文，不仅被传播到萨尔瓦多，还传播到

中美洲其他国家。传教士们有组织地通过上门传教、参加电台节目，甚至以粮食援助和医疗保健的形式，宣传通过信仰耶稣基督来进行个人救赎，即今生不可得的救赎会在来世获得。对于这些神学保守主义福音派来说，罗马天主教徒不属于基督徒，福音派教士认为只有"重生"才是上帝的旨意。尽管传统意义上的新教教派倡导关注社会问题，但在 20 世纪 70 年代和 80 年代席卷中美洲的福音派对教徒参与社会活动持消极态度，他们将被动和顺从的观念灌输给教徒。

新教对萨尔瓦多和其他中美洲国家来讲并非新鲜事物。在 19 世纪后期，包括咖啡商和金融家在内的大部分英国和德国赴萨尔瓦多的移民都是新教徒。1896 年，总部设在北美，并由北美国家资助的负有传播教义任务的中美洲传教会（Central American Mission，CAM）在萨尔瓦多和危地马拉成立。中美洲传教会向民众传递的教义概括为世界的悲惨境况是注定的，用即将来临的必然局面，督促人们加入新教，早日获得救赎。在随后几年中，基督复临安息日教会、神召会和其他新兴教会组织都加入了中美洲日益壮大的宣教运动。

1930~1945 年，新教在萨尔瓦多继续稳定快速发展，该国新教徒社区的年增长率为 9%，但到 1945~1960 年，新教社区增长率下降到 7%。到 20 世纪 70 年代新教出现戏剧性的复苏。由于 20 世纪 70 年代末和 80 年代人们渴望通过宗教信仰摆脱社会生活中的各种暴力和犯罪，新教徒人数有所增加。

福音派新教在萨尔瓦多底层民众和精英阶层都得到广泛推崇。随着底层劳动人口数量的增加、土地占有率的不断下降和由此带来的持续性迁移，曾经的传统社区和家庭人口间的纽带被种种不可抗力打破，传统天主教的势力受到一定影响，并导致教区神父人数不断减少。与传统天主教不同的是，福音派新教帮助极度贫困人口在面对暴力、流离失所等痛苦时，仍然拥有自我价值感和希望。福音派提供了人性化的教义，强调耶稣基督对全人类的接纳，每个个体与上帝间的联结无须通过神职人员。与此同时，精英们在福音派中则找到了思想上的盟友，这不仅是因为其非政治性的态度，还因为其对私有化经济的自由放任政策、创业精神、以工作为导

向的价值观以及其弱化当时政治弊端对国家发展的不利影响的意愿。由于福音派对土地所有权的支持态度，精英阶层支持福音派教义在当地的传播，大量萨尔瓦多上层人士加入福音派新教。

二　节　日

萨尔瓦多的部分节日与大多数西方国家相同，如 1 月 1 日的新年、5 月 1 日的国际劳动节和 12 月 25 日的圣诞节等。作为曾经的西班牙殖民地，萨尔瓦多受罗马天主教影响较深，因此一些节日和假期也具有一定的宗教性质。萨尔瓦多还有本国独有的节日，这些节日将宗教和当地特色结合在一起。其主要节日如下。

圣周（Semana Santa） 萨尔瓦多最著名的文化传统节日之一。对于许多萨尔瓦多人来说，圣周是用来祈祷和反思，以及与家人团聚并一起享受庆祝活动的时间。全国各地的教堂都举行仪式，纪念耶稣基督受难、死亡和复活。民众在各地街头巷尾狂欢游行、进行艺术表演，时间持续一周，通常在复活节前的一周举行。此外，主要街道在节日期间还会铺设巨大而华丽的“地毯”。这些特殊的毯子由彩盐和锯末制成，一般描绘各种宗教故事、教义和大自然的景象。

棕榈节（Fiesta de las Flores y Palmas） 每年 5 月的第一个周日，萨尔瓦多民众在靠近圣萨尔瓦多市的潘奇马尔科小镇庆祝这一节日。棕榈节最早起源于玛雅文化，用于庆祝雨季的开始。发展至今，已演变为纪念圣母玛利亚的节日。当天清晨，妇女会去掉棕榈树枝上的叶子，串上美丽的花朵。下午的游行则由一位男性领舞，沿街表演宗教舞蹈，穿戴传统服饰的年轻女性抬着装饰着花朵和棕榈树的大型祭坛缓步穿过。

七月节（Fiesta Julias） 17 世纪初以来，七月节庆典活动一直于每年 7 月 17~26 日在圣安娜市举行，这一节日是西方天主教和当地宗教相结合的产物，是专门为当地守护女神举办的宗教节日。随着时间的流逝，这一节日已经成为萨尔瓦多最重要的节日之一。1530~1540 年，在西班牙殖民者抵达萨尔瓦多前，圣安娜地区是当地居民皮皮尔人的定居点，被称为西华特卡坎（Sihuaatehuacan），意为女祭司之城。1569 年 7 月 26 日，危地马拉主

教贝尔纳迪诺·比利亚尔潘多（Bernardino Villalpando）抵达这里后，下令建设临时教区，并修建教堂。教堂建成后被命名为圣安娜夫人大教堂，小镇的名称也随之改变。通常，庆祝活动始于传统节日游行。游行队伍会穿过城市的主要街道，由乐队、花车等组成，萨尔瓦多当地人和外国游客也会加入其中。随后的几天里，会举办庙会或售卖农产品、当地糖果和手工艺品的展会；甚至会有由警察、部队、社区或消防部门组织的体育赛事、音乐节以及艺术展览等。庆祝活动于 7 月 26 日结束，当天会举行圣安娜女神像游行活动。

八月节（Fiestas Agostinas） 也被称为圣萨尔瓦多节，是萨尔瓦多最重要的节日之一。庆祝嘉年华从 8 月 1 日持续到 6 日，其中 5 日和 6 日举行主要庆典，为国家法定假日。圣萨尔瓦多节的由来与西班牙殖民者密切相关，因为西班牙殖民者通常会以《圣经》中圣者的名字命名所统治的殖民地。圣萨尔瓦多是由西班牙征服者佩德罗·德·阿尔瓦拉多（Pedro de Alvarado）以耶稣基督之名命名的。在西班牙语中，"圣萨尔瓦多"意为神圣救世主。庆祝活动集中在首都圣萨尔瓦多，但全国其他地区也会在同一时间举行各种庆祝仪式。当地政府会为每年的庆祝活动设定主题，如 2019 年的主题是"我们的节日，我们的城市"，以此来加深民众的国家认同感。庆祝活动包括民众游行、票选八月节女王、举办展览会等。主要活动是在 8 月 5 日傍晚开始举行的宗教活动，被称为"降临"，当地信仰天主教的民众手捧身着紫色袍服的耶稣木质雕像，穿过圣萨尔瓦多主要街道，最终抵达大都会大教堂前。

火球节（Bolasde Fuego） 萨尔瓦多内哈帕（Nejapa）镇传统节日，从 1922 年开始，每年的 8 月 31 日举行，时至今日已发展为一项庆祝活动。活动方式是被分成两组的年轻人互掷火球，火球用旧布和铁丝制成后再浸泡在汽油中。活动看似危险，但实际上参与者会戴防火手套和头套保护自己，并没有人真的会受伤。这一不寻常的传统节日的起源有两种说法。第一种说法是，纪念 1658 年圣萨尔瓦多附近的佩雍火山喷发，当时火球和岩浆烧至附近的村庄，居民被迫逃亡到附近城市；第二种为宗教解释，据说当地人为纪念和感谢圣徒杰罗姆用火球打败魔鬼，避免了当地民众在 1917 年的火山喷发中受伤。

独立日（Día de la Independencia）　历史上萨尔瓦多和其他中美洲国家一样，都曾为西班牙殖民地，由西班牙帝国统治了约 3 个世纪。自 1811 年起，该地区多地爆发人民起义，虽遭到殖民政府的残酷镇压，但抗议活动从未停止。直到 1821 年 9 月 15 日，中美洲独立宣言在危地马拉签署，自此，中美洲人民实现了独立和自由。该地区各国结盟，成立统一的中美洲联邦。随着该联邦瓦解，1841 年萨尔瓦多成立共和国。每年的 9 月 15 日被定为萨尔瓦多国家独立日。节日当天，全国各地都会举行游行活动，军队举行阅兵仪式，学校学生也会举着国旗和校旗组成游行方阵，民众还会在海滩燃放烟火。

居民日（Día de la Raza）　又称"哥伦布日"。1492 年 10 月 12 日，随着克里斯托弗·哥伦布发现"美洲新大陆"，这一天被西班牙和部分美洲国家定为"哥伦布日"。在萨尔瓦多，这一节日主要是为纪念土著文化和西班牙文化在当地的融合。节日当天，人们会举办传统文化活动，如跳土著舞蹈，纪念曾经生活在这片土地上的祖先。

圣米格尔狂欢节　该活动于 11 月的最后一周在圣米格尔省举行，庆祝活动会持续一周。狂欢节的日期最初是 5 月 8 日，主要是庆祝圣米格尔省的建立。1939 年，政府决定将节日改至 11 月 21 日，以纪念该省的守护神——和平女神。自此，庆祝活动逐渐民众化。1959 年，圣米格尔省将狂欢节音乐会从室内转移到街道上举行，狂欢节的影响逐渐遍布整个萨尔瓦多乃至邻国，成为中美洲的重要节日之一。1961 年，危地马拉总统和 5 位中美洲选美皇后的到访更是将这一节日推向了国际化。从 2001 年开始，民众会在狂欢节前夜前往教堂做弥撒，聆听歌颂圣母玛利亚的宗教音乐。这些活动一般在 11 月 21 日开始举行。狂欢节大游行是庆典的主要活动，游行队伍主要由花车、乐队和具有当地特色的桑巴舞蹈队伍组成。此外，整个庆祝活动的重头戏是选出嘉年华女王。圣米格尔狂欢节不仅具有文化性，还有趣味性和教育性。

三　民俗

萨尔瓦多文化是拉丁美洲地区文化的代表之一。它受古代中美洲和中

世纪伊比利亚半岛殖民文化双重的影响，它们在彼此的融合中发展出具有当地特色的混血文化，产生了当地最大的族群，即拉丁裔。古代玛雅金字塔、本土地区名称（库斯卡特兰、查拉特南戈等）、民间艺术和古代石刻作品代表了萨尔瓦多的本土文化源头；殖民地建筑、现代城市、艺术、语言和政府则代表了欧洲殖民文化的融入。

萨尔瓦多的城市建筑属于欧洲西班牙风格，一般建有城市中心广场。农村的房屋建筑则与其他中美洲国家和墨西哥南方的房屋相似，有些是砖房，有些是土坯房。

萨尔瓦多民众主要穿着西装出席较为隆重的活动。但在举行节日庆典时，他们更喜欢穿传统的印第安民族服装。萨尔瓦多民族服装种类繁多，有些服饰衍生自乡村地区日常生活中的常服。女性传统服饰中常见的有大小披肩、围裙、连衣裙、衬衫和饰物等，较具特色的是代表国旗颜色的蓝底白条纹裙装。男性则通常会穿棉质西装。在传统节日中，人们也会穿牛仔裤、衬衫、凉鞋、靴子等。

萨尔瓦多曾是殖民地时期拉美地区非洲黑奴贸易的中心，所以现今本地文化也具有源于非洲的巴伊亚文化的神秘色彩。非洲的传统音乐、舞蹈、食品和生活习惯都对该地区有一定影响。

萨尔瓦多音乐融合了伦卡、卡考佩拉、玛雅、皮皮尔和西班牙音乐的特点，还包含用于庆祝圣诞节和其他节日的宗教歌曲（大部分是罗马天主教歌曲）。萨尔瓦多现代流行音乐包括萨尔瓦多昆比亚音乐、萨尔瓦多嘻哈、摇滚以及中美洲印第安音乐，后者对现代萨尔瓦多音乐风格有着长期而重大的影响。

在中美洲，玉米被看作神圣的作物。在萨尔瓦多，传统食物是玉米饼，搭配盐和黑豆饭（frijoles），有时还会放些奶酪。后来逐渐引入大米、蔬菜和肉类。当地人的饮食习惯在印第安人的烹调基础上，还受到西班牙人的影响。城市居民主要吃西餐，主食是大米、豆类、玉米等，城乡流行的饮料是可口可乐、啤酒、咖啡等。本地的主要饮料是用甘蔗制成的朗姆酒以及以此为基酒的各种调味酒。由于关税较低，进口酒也不贵。萨尔瓦多传统食物是奶酪馅玉米饼，饼皮由玉米制成，内馅包括奶酪、豌豆或黑豆、大米和鸡肉等。当地人还会将玉米撒上盐，搭配柠檬烤着吃，或煮熟后加入蛋黄酱和其他辅料。

萨尔瓦多也被称为"吊床之国"，是吊床主要的生产国和出口国。圣萨尔瓦多市所在的山谷被称为"吊床之谷"，因为这里的人使用吊床来避免受到接连不断的地震的伤害。吊床会出现在门口、客厅、走廊、室外庭院和树丛中。在奎萨尔特佩奎市还有专门的吊床节以示庆祝，时间为每年11月的第一个和第二个周末。

萨尔瓦多人见面和拜别时，除了互致问候，还常行握手礼、亲吻礼。被邀赴宴时，一般要带礼物。萨尔瓦多妇女不愿意别人问及其年龄及丈夫的情况。

萨尔瓦多民族复杂，人们对于社会政治兴趣浓厚。天主教徒忌讳"13"这个数字，尤其如果某月的13日正巧是星期五的话，一般不举行活动。

第三节 特色资源

玛雅人将萨尔瓦多称为库斯卡特兰（Cuscatlán），意为瑰宝之地。如今，曾经宏伟的火山不是隐于咖啡种植园和云雾森林中，就是变成了波光粼粼的蓝色湖泊。

萨尔瓦多的山区现在仍保留西班牙殖民时期的城市建筑和传统生活习俗，包括精致的教堂、美食节、色彩鲜艳的土坯房，以及各类艺术作坊和餐馆。游客可以走进当地居民的家中体验当地生活，还可以泡温泉、赏瀑布。

除了原生态资源外，萨尔瓦多还有如首都圣萨尔瓦多这样的现代化都市，有中美洲地区最好的高速公路系统、豪华的购物中心、舞厅和高级餐厅。

一 名胜古迹

1. 美洲文明遗址

萨尔瓦多境内的美洲文明历史悠久，遗址保存得相当完好。遗址包括霍亚德塞伦（Joya de Cerén）、塔苏马尔、圣·安德烈斯（San Andrés）、齐瓦坦

河谷（Cihuatán）和卡萨布兰卡等。其中霍亚德塞伦是一个保存完好的玛雅村庄遗址。公元 640 年，当地居民因火山喷发逃离后，这座村庄被火山灰掩埋。也正因如此，这座村庄被保存下来，直到 1976 年才被发现，并于 1993 年被联合国教科文组织确定为人类文化遗产。另一处著名遗址是塔苏马尔。塔苏马尔是查尔恰帕地区最重要的玛雅人定居地，始建于公元 400 年前后，是一组阶梯式金字塔结构建筑，最高处高达 75 英尺（约合 22.86 米）。该遗址与墨西哥中部、尤卡坦半岛北部和中美洲南部均有关联。遗址出土的金属文物可以追溯到公元 8 世纪，是中美洲迄今发现的最早的金属文物之一。20 世纪 40 年代人们开始对其进行考古勘探和重建。

2. 特色海滩

海滩是萨尔瓦多的特色景观之一。萨尔瓦多大部分海滩位于太平洋沿岸，狭长、呈珍珠灰色，如蓬塔罗卡（Punta Roca）、埃尔桑扎尔（El Sunzal）、拉弗洛尔（La Flor）、米扎塔（Mizata）最具代表性。还有无数大大小小的海湾被茂密的红树林湿地和木棉树雨林环绕；海龟在这里产卵，迁徙的鸟类也来此短暂休憩。为吸引游客，太平洋沿岸建有酒店、渔村民宿和冲浪小镇。距离圣萨尔瓦多机场仅 30 分钟车程的太阳海岸是萨尔瓦多的热门景点。位于这片区域的红树林湿地是各种鸟类和鱼类的栖息地。埃尔敦科海滩（Playa El Tunco）位于拉利伯塔德省的中部，拥有著名的黑沙滩，是冲浪者的天堂。埃尔库科（El Cuco）是一座海滨小镇，这里的海水更平静。拉利伯塔德港意为自由，意在纪念萨尔瓦多脱离西班牙殖民统治。这里有适合岸钓和冲浪的海滩，如拉巴斯海滩。

3. 特色旅游线路

花海路线是一条从松索纳特开始的全长约 20 英里（约合 33.19 千米）的山路。每年的 10 月至次年 2 月，道旁遍布鲜花。这条道路附近还遍布殖民地时期的西班牙风格城镇、潟湖和瀑布。另一条线路为和平路线。这条线路附近有萨尔瓦多内战冲突最激烈的地区：莫拉桑省的圣费尔南多（San Fernando）、阿兰巴拉（Arambala）和佩金（Perquín）。这里曾是游击队的主要活动地区。其中，佩金建有革命博物馆。

4. 火山

萨尔瓦多境内多火山，被称为"火山之国"。塞罗佛得角国家公园内就坐落着三座火山，分别是伊萨尔科火山、圣安娜火山和塞罗佛得角火山。塞罗佛得角火山已有 2500 多年没有喷发。伊萨尔科火山因其 200 多年来持续不断地喷发而被称作"太平洋灯塔"。圣安娜火山是三座火山中最为活跃的，蒸汽不断从火山口之一的硫黄潟湖中升起。科特佩克湖是一个位于火山口中心的湖泊。它直径为 10 英里（约合 16.09 千米），是萨尔瓦多最大的湖泊之一。约在 72000 年前由一系列猛烈的火山喷发而形成，今天是该国最美丽的自然景点之一。

二 著名城市

1. 圣萨尔瓦多

首都圣萨尔瓦多位于该国中部高原地区，被火山环绕，是整个中美洲地区仅次于危地马拉城的第二大城市。受战争和地震等因素影响，该地的基础设施建设仍然较为落后，而且由于巨大的贫富差距，贫民区暴力事件频发。圣萨尔瓦多市拥有众多人文景观，包括皇宫、巴里奥斯广场、国家大教堂、拉利伯塔德广场、莫拉桑广场、水钟、海洋纪念碑、阿塔卡特尔纪念碑以及普罗佩雷斯纪念碑等。周边的自然景观有埃尔博克龙火山、潘奇马尔科艺术村等。

2. 圣安娜

圣安娜是萨尔瓦多的第二大城市，位于群山环绕的盆地地区，与圣萨尔瓦多相比，其环境略显安静。作为重要的咖啡加工业中心，圣安娜拥有世界上最大的咖啡加工厂——莫利诺（El Molino）。这里的历史地标包括西班牙哥特大教堂和西班牙卡尔瓦里奥殖民教堂。在城市周边，坐落着查丘瓦帕古城。

3. 苏奇托托

苏奇托托是萨尔瓦多为数不多的仍保留殖民地时期建筑的城市之一。苏奇托托位于圣萨尔瓦多东北 31 英里（约合 49.89 千米）处，是萨尔瓦多的文化之都。这里生活氛围悠闲，风景秀丽，鹅卵石街道古香古色。每年 2 月，会举办艺术节。这里还曾是靛蓝的主要生产地，现今靛蓝的生产和加工已成为当地旅游特色之一。这里还有著名的亚历杭德罗·库托记忆博物馆（Museo de los Recuerdos Alejandro Cotto）。苏奇托托还是鸟类迁徙区，在这里栖息的鸟类达 200 多种。每当季节变化，上千只鹰隼会在天空中盘旋，而各种各样的鸟类则会在湖岛之中筑巢。

4. 拉帕尔马

拉帕尔马靠近洪都拉斯边境，距离圣萨尔瓦多市有两小时车程，该国著名艺术家费尔南多·洛尔特（Fernando Llort）曾在小镇任教。洛尔特的作品运用鲜艳的色彩、充满童趣的主题和宗教题材主题，使拉帕尔马成为全国公认的艺术中心。时至今日，小镇的居民仍以模仿洛尔特的艺术风格谋生。这里有众多画廊和工作室，有涂鸦墙、城镇壁画和工作坊、古色古香的洛尔特风格纪念品。其中马赛克中央公园值得一游。

5. 圣米格尔

圣米格尔历史悠久但发展滞后。这里有 19 世纪的大教堂、弗朗西斯科·加维迪亚剧院、圣米格尔市场和繁华的罗斯福大道，也是中美洲拥有最佳冲浪海滩的城市之一。圣米格尔以渔业为主。

第一节　前哥伦布时期

一　石器时代和远古时代

印第安人在萨尔瓦多历史上一直具有举足轻重的地位。大约 13000 年前，他们来到美索美洲（Mesoamerica，一般指殖民时代前的墨西哥和中美洲地区），促进了文明的传播。在公元前 10000 年至公元前 6000 年的石器时代，更多印第安移民抵达美索美洲。约公元前 5000 年前，墨西哥南部出现玉米种植，其后迅速传播到美索美洲的其他地区。

公元前 6000 年至公元前 2000 年，种植业和畜牧业开始发展，从而带动农业活动的开展，萨尔瓦多开始崛起。玉米是萨尔瓦多印第安人的粮食支柱。由于低地和沿海地区玉米产量低，该地区出现高地玉米和低地海产品间的以物易物交易。

约公元前 3000 年，玛雅语开始在萨尔瓦多使用和传播，当时这里还没有形成现今意义的城市，也没有金字塔、象形文字和有组织的劳动者，更没有形成国家。

二　前古典时期

迄今在萨尔瓦多发现的最早有记载的人类居住区始于公元前 2000 年，源于墨西哥南部、被称为奥尔梅克（Olmec）的美索美洲文明，并引领萨

尔瓦多进入新兴文明时期。美索美洲太平洋沿岸由于近海、开展贸易和捕鱼，成为人口密集区。由于地理位置的关系，萨尔瓦多很快成为当时拥有最先进文明的地区之一。考古发现了他们留下的梯形金字塔、圆形庭院和广场等遗迹。

公元前400年至公元250年，玛雅文明兴起，逐渐取代奥尔梅克成为美索美洲的主要文明。然而，公元250年伊洛潘戈（Ilopango）火山喷发，导致大量当地居民死亡，农业生产受到严重影响，关键的区域贸易路线和贸易市场被破坏。因此，萨尔瓦多西部地区发展受阻。受火山喷发影响较小的其他地区则转而跟随玛雅文明加速发展。

三　古典时期和后古典时期

公元300～公元900年，美索美洲整体繁荣。玛雅和特奥蒂瓦坎（Teotihuacan）在城市建设和文学创作等方面成果丰硕。萨尔瓦多也受到这些文明的深刻影响。

公元1000～1550年，美索美洲被称为托尔克（Toltec）的新帝国统治。托尔克人和他们的文化一起进入萨尔瓦多。托尔克文化最突出的代表是羽蛇神，在墨西哥中部和萨尔瓦多西部被称为羽蛇神奎兹特克（Quetzalcóatl），在萨尔瓦多东部则被称为伊厄克特尔（Ehecatl）。

四　皮皮尔人的涌入

公元500～1350年，被称为"皮皮尔人"的纳华人（Nahuas）从墨西哥迁徙到萨尔瓦多。原本是游牧民族的皮皮尔人来到萨尔瓦多后，也学习农耕，形成农牧结合的经济。皮皮尔人将他们在萨尔瓦多的"新家"称为库斯卡特兰（Cuscatlan），这里成为萨尔瓦多早期最著名的城市。在皮皮尔帝国统治时期，萨尔瓦多的贸易充满活力。后古典时代贸易是区域性的，贸易网延伸到阿兹特克首府特诺奇蒂特兰城（Tenochtitlan）（现今的墨西哥城北部）。

皮皮尔人还学习了阿兹特克人和玛雅人的科学技术，掌握并运用了与农业和宗教关系密切的历法，基于20位数的复杂数学计算，以及"0"

的概念。因此当时的社会生产发达，皮皮尔人能够生产陶器、纺织品、蜂蜡等产品，种植棉花、豆类、南瓜、玉米、可可、烟草、辣椒、西红柿、花生、牛油果、土豆等区域特色作物。皮皮尔人有严苛的法律来保护农业、社会分工、宗教和家庭。不敬神、偷盗则会被判处死刑。皮皮尔人将在萨尔瓦多的领地分为数个王国进行管理。对当时西方商业最重要的当地作物靛蓝，在殖民者到达之前已经在萨尔瓦多种植和交易，特别是在中部地区最为突出。

五 征服时期

1502 年哥伦布抵达加勒比海的洪都拉斯湾。西班牙人在 1521 年征服了墨西哥中部的阿兹特克帝国。次年，西班牙水手"发现"萨尔瓦多。抵达萨尔瓦多的第一批西班牙人从巴拿马起航，经太平洋沿岸，抵达香料群岛。

1524 年，佩德罗·德·阿尔瓦拉多征服危地马拉，并将目光瞄准萨尔瓦多。他的名字在中美洲土著居民中是恐怖和残暴的代名词。阿尔瓦拉多 1524 年进入萨尔瓦多。西班牙人的入侵从根本上改变了萨尔瓦多。殖民者掠夺土地，驱赶甚至屠杀皮皮尔人，强迫他们为奴，还毁坏他们的庙宇和神像。皮皮尔人奋起反抗，并坚持了 15 年之久。15 年中，皮皮尔人口从 50 万降至 7.5 万左右。

1525 年，阿尔瓦拉多借道危地马拉达至洪都拉斯。不过，他返回萨尔瓦多后遭到萨尔瓦多人的抵抗。最终，阿尔瓦拉多率领军队在 1528 年取得胜利。自此，萨尔瓦多一直被西班牙殖民者占领。征服时期是拉丁美洲地区萨尔瓦多印第安人失踪和流离失所最严重的时期之一。

第二节 殖民地时期

1524~1821 年是萨尔瓦多的殖民地时期。其间，萨尔瓦多历经西班牙哈布斯堡王朝和法国波旁王朝的殖民统治。之后，中美洲国家陆续脱离西班牙统治而独立，萨尔瓦多也不例外。

西班牙人控制了萨尔瓦多地区后，将土地划分给殖民者管理。小麦、

橄榄、咖啡和葡萄酒等被引入，等级制的天主教取代了当地的信仰。从某方面来讲，西班牙人抵达中美洲主要是为了获取该地区的黄金和白银等贵金属，而萨尔瓦多地区贵金属的储量非常少。因此，萨尔瓦多地区一直没有受到西班牙的重视。起初，大部分土地由王室进行分配。根据印第安人托管监护制度（encomienda system），土著居民按照居住地被划分给某位西班牙殖民者监管并向其缴纳贡赋，殖民者则有义务聘请传教士向居民传授基督教教义和教授西班牙语。实际上，这只是西班牙王室授予符合条件的西班牙殖民者向当地居民征收贡税的遮羞布。这一制度的滥用导致其被新的土地分配制度取而代之。新的制度要求殖民者对印第安劳工分配工作并提高劳工待遇，从理论上来讲更加人性化，但由于殖民地地理位置遥远，西班牙王室也暗中纵容，所以土著居民生活条件并未得到任何实质性改善。在西班牙殖民者的控制下，印第安人被迫从事奴役劳作。

1551年，教会派出传教士进入该地区传教、监督印第安人建造教堂，以解决当地西班牙殖民者的需要，以及同化印第安居民。到16世纪70年代，圣萨尔瓦多和伊斯库莫斯（Izalcos）先后都有了教堂。与拉丁美洲的其他地方一样，教会的等级结构成为殖民地社会分层的基础。

萨尔瓦多区别于拉美其他地区的重要特点是西班牙人和当地土著居民混居。西班牙殖民者在已有的城镇内建立家园，并没有明确划分区域。因此，种族的融合随即发生，印欧混血人——梅斯蒂索人（mestizo）的出生率逐渐超过印第安人的出生率。同时，疾病、过度劳累、争斗和流离失所导致印第安人人口减少。即使冲突不断，文化仍是逐渐融合的。

圣萨尔瓦多、圣安娜和圣米格尔三大城市是主要殖民城市，其他村落围绕它们陆续建成。由于无法快速致富，殖民者和后来的西班牙定居者意识到土地是唯一可利用的资源。萨尔瓦多的土地所有者最初并未意识到这片土地的经济价值，直到他们建立了种植单一但利润丰厚的出口商品的制度。可可种植业在16世纪下半叶蓬勃发展。在18世纪，靛蓝的种植产生了巨大的利润。由于靛蓝贸易的重要性，圣萨尔瓦多成为西班牙殖民时期中美洲第二大城市和贸易中心。直到19世纪中期，德国发现一种更为经济的合成染料后，靛蓝种植热潮才开始消退。

一　西班牙哈布斯堡王朝统治时期

在西班牙哈布斯堡王朝殖民统治时期，由于殖民者对土著居民的残酷剥削，当地人口出现大量死亡，这不仅激化了殖民者与被殖民者的矛盾，还有一部分传教士也站在了当地民众的一方，为捍卫他们的权利而奔走，其中最著名的是巴托洛梅·德拉斯·卡萨斯（Bartolomé de las Casas）。1542 年，西班牙在萨尔瓦多地区颁布新的土地分配制度。该法案从理论上禁止对当地印第安人不公正的剥削，禁止在被托管监护的村庄对土著居民实施奴役。但是，新法损害了众多殖民者的利益，所以在中美洲的执行力度很小。

为了从殖民地获得更多利益并传播天主教，哈布斯堡王朝统治者试图拉拢先后抵达殖民地的殖民者。其中，阿隆索·洛佩斯·德·塞拉托（Alonso Lopez de Cerrato，1490–1555）的抵达标志着中美洲殖民混乱时期的结束。塞拉托被任命为危地马拉最高法院院长，负责监督新法实施，巩固西班牙王室在中美洲的权力。一方面，塞拉托释放了萨尔瓦多地区许多被奴役的印第安人。但另一方面，他又授予殖民者使用土地和印第安劳工的特权，特别是印第安农奴制度在他的统治下被彻底实施，从而开启了殖民地的极端残酷时期。尽管存在腐败等种种问题，但塞拉托的改革也代表了中美洲有秩序的殖民地管理的开始。

二　法国波旁王朝统治时期

1700 年，法国波旁王朝接替西班牙的君主统治后，整个西班牙美洲殖民地也受到了启蒙运动的影响。在卡洛斯三世（1759～1788 年在位）时，殖民地再次实施大规模改革，实行集权制。措施包括精简官僚机构，委派擅长征派苛捐杂税的地区长官到殖民地，赋予洪都拉斯省、尼加拉瓜省和萨尔瓦多省更多地方控制权等。王室还通过只收贡金的方式让印第安人有偿劳动。此时，传染病多次侵袭中美洲（1683 年、1686 年、1693 年、1703 年、1705 年、1708～1709 年等），蝗虫灾害影响粮食和靛蓝生产，地震也进一步削弱了当地的经济基础。17 世纪末，英国工业革命对

靛蓝和纺织品需求增加，改变了萨尔瓦多的经济状况。

随着靛蓝生产的增加，危地马拉和萨尔瓦多吸引了大批移民。其中最著名的是艾西内纳（Aycinena）富商家族，他们于 1754 年抵达危地马拉，很快在萨尔瓦多获得了靛蓝贸易的相关权力，可以与宗主国西班牙直接进行商业谈判，拥有商业垄断权，在殖民地政府和天主教会高层任职。该家族相当于控制了当时整个中美洲的靛蓝贸易。

1798 年法国大革命爆发，之后欧洲经历了多年战争，阻碍了西班牙和法国与殖民地间的大部分贸易，也切断了靛蓝贸易。1798~1818 年，靛蓝贸易一直处于低迷状态。尽管如此，1807 年，萨尔瓦多地区仍然成为中美洲最大的靛蓝产区，产量占比达 3/4 以上。靛蓝在 18 世纪后期处于发展繁荣阶段，成为中美洲经济的重要驱动力。这导致商人与王室间出现矛盾，萨尔瓦多靛蓝生产者与危地马拉商人之间也冲突不断。随着海盗威胁的加剧，军队也加强了对该地区的控制。

1808 年，拿破仑征服伊比利亚半岛，驱逐西班牙国王费迪南德七世（1808 年、1813~1833 年在位），西班牙被彻底占领，成为拿破仑帝国的一部分。18 世纪，西班牙帝国逐渐衰落，加速了西班牙海外殖民地的瓦解。1810~1825 年，拉美独立战争震惊欧洲，从墨西哥到智利，西班牙的主要殖民地区陆续发生了流血事件。萨尔瓦多地区也有小范围的冲突事件，并不严重。但在历史的洪流中萨尔瓦多也迈向独立。

第三节　中美洲联邦时期

一　中美洲联邦的成立

随着西班牙殖民统治的衰落，从北美洲墨西哥到南美洲各地纷纷掀起摆脱西班牙统治的战争。随着 1819 年哥伦比亚和 1821 年墨西哥获得独立，中美洲各界精英也在危地马拉会晤。1821 年 9 月 15 日，包括萨尔瓦多在内的中美洲各国宣布从西班牙独立。独立后中美洲各国又在 1822 年并入墨西哥帝国。对此，中美洲各国的反应不一，彼此间的矛盾冲突也未停止。1822 年 6 月，危地马拉对萨尔瓦多大规模入侵。尽管危地马拉得到墨西哥的支持，但萨尔瓦多军队仍战胜了入侵者。随后，墨西哥帝国国王奥古斯丁·德·伊图尔维德派遣由准将文森特·菲利索拉（Vicente Filísola）率领的墨西哥军队入侵萨尔瓦多。1823 年 1 月，菲利索拉占领圣萨尔瓦多。但很快在 1823 年 3 月，伊图尔维德国王被罢免，墨西哥在中美洲的影响力迅速消退。萨尔瓦多、危地马拉、洪都拉斯、尼加拉瓜和哥斯达黎加五个省于 1823 年 7 月 1 日建立新的主权国家——中美洲联邦。8 月，墨西哥军队全部撤出中美洲。

二　联邦内战中的萨尔瓦多

脱离墨西哥之后的中美洲联邦成员面对的是真正意义上的独立和各方势力的冲突。其中，自由主义者和保守派间的冲突尤为激烈。一般来说，自由主义者对外国，尤其是美国、法国和英国的意识形态持更加开放的态度；他们欢迎外国投资和市场自我调节的经济发展进程；他们还试图限制罗马天主教会对人民生活的影响。保守派的倾向几乎与自由主义者的倾向完全相反。保守派通常更加排外，他们主张实行保护主义经济政策，支持教会作为社会和政治现状的主要道德仲裁者和保护者。由于自由主义者和保守派之间的对立，联邦无法像最初设想的那样作为统一的国家运行。

中美洲联邦各省利益、人口、地理面积等的不均衡，造成各方相互敌对，内战很快爆发。联邦政府的控制权在 1826 年从自由主义者转到保守派手中，但在 1829 年在当时的洪都拉斯秘书长弗朗西斯科·莫拉赞（Francisco Morazan）领导下重新回到自由主义者手中。然而，两方都不能让联邦政府控制中美洲联邦全部 5 个成员。因此，尽管自由主义者控制的联邦政府推行了政治、经济和社会改革，但收效甚微。

萨尔瓦多是最支持自由主义的地区之一。大多数萨尔瓦多人支持莫拉赞执政，莫拉赞担任联邦政府总统时期，圣萨尔瓦多成为莫拉赞的最后堡垒。由于无法阻止保守派的强烈反对，1840 年 3 月，权力转移到极具号召力的危地马拉保守派领袖拉斐尔·卡雷拉（Rafael Carrera）手中。莫拉赞于 1842 年 9 月在哥斯达黎加去世。

萨尔瓦多和危地马拉间的争斗给萨尔瓦多造成重大损失，在1826～1842年丧生的人数多达2546人。战争还导致萨尔瓦多对非本土企业实行更多的保护主义经济政策。该政策有利有弊，虽然一定程度上弥补了战争中的劳动力损失，但也导致1828～1832年靛蓝的价格下降了50%，出口遭到破坏性打击，直至19世纪40年代末萨尔瓦多靛蓝才恢复到内战前的生产水平。

连续不断的战争切断了危地马拉和萨尔瓦多间的贸易，进一步削弱了萨尔瓦多经济，靛蓝行业尤其艰难。此外，危地马拉人开始大量生产胭脂红作为染料与靛蓝竞争，导致危地马拉与萨尔瓦多的关系进一步恶化，直至19世纪30年代，英国商人直接与萨尔瓦多人在圣米格尔和圣维森特交易。英国的银行和投资者进入萨尔瓦多经济体系，取代了作为中间人的危地马拉商人和债权人。

内战断送了中美洲联邦统一的努力，5个省份的执政者陆续放弃统一理念，宣布独立。萨尔瓦多于1841年宣布独立。尽管如此，萨尔瓦多与中美洲其他几国的命运仍交织在一起，在彼此干预和牵制的同时，也作为具有地区竞争力和拥有主权的独立国家而合作面对外国势力。

第四节　独立后至内战前的萨尔瓦多

独立后，萨尔瓦多内部和外部的冲突有增无减，随着19世纪80年代转向实行自由主义政策，国家经济基础从靛蓝种植转向咖啡种植。保守派和自由主义者对抗，萨尔瓦多与邻国冲突频发。1841～1890年，萨尔瓦多与危地马拉发生了五次小规模战争，与洪都拉斯发生了四次战争，与尼加拉瓜发生了一次战争。

一　独立初期

独立初期，萨尔瓦多大部分领导者仍依靠军事力量治理国家，政变频发，政局动荡。1841～1871年，萨尔瓦多一共产生了20多位总统。1841年，首位总统胡安·林多（Juan Lindo）执政，执政期仅一年。作为萨尔瓦多独立后的第一位总统，他不赞成萨尔瓦多自治，并积极推动中美洲各国并入墨西哥。卸任后，林多主导建立了萨尔瓦多-洪都拉斯联盟，联合对抗危地马拉。洪都拉斯军队与萨尔瓦多总统多索托·瓦斯康塞洛斯（Doroteo Vasconcelos，1848~1851 年在任）领导下的军队于 1851 年对危地马拉宣战，但最终失败。

　　林多总统下台后，萨尔瓦多独立初期的政治环境持续混乱，政权更替极为频繁。有些领导者的执政期甚至不足一年。1851 年，弗朗西斯科·杜阿纳斯（Francisco Duenas）上台后，萨尔瓦多迎来了相对平稳的发展时期。杜阿纳斯从政 30 多年，担任三届非连任总统（1851~1852 年、1852~1854 年、1863~1871 年），在萨尔瓦多政治中发挥了重要作用。

　　1854~1863 年的过渡期，萨尔瓦多共经历 4 位总统，分别是何塞·马丁（Jose Maria San Martin，1854~1856 年在任）、拉斐尔·坎波（Rafael Campo，1856~1858 年在任）、米格尔·桑丁·德尔·卡斯蒂略（Miguel Santin del Castillo，1858 年 2 月至 1859 年 1 月在任，其间 1858 年 6~9 月因病无法履职）和杰拉尔多·巴里奥斯（Gerardo Barrios，1859~1863 年在任）。这一时期，何塞·马丁总统在圣文森特开设国立大学，与在圣萨尔瓦多的校区形成互补，并将在 1854 年大地震中被摧毁的圣萨尔瓦多旧城建成圣萨尔瓦多新城。巴里奥斯致力于实现萨尔瓦多军队专业化和现代化。他积极发展萨尔瓦多与其他国家的外交关系，同时倡导武力外交政策，通过传播外敌渗透国家社会政治结构的威胁论来加深人们的恐惧。巴里奥斯旨在通过移民、出口导向型增长和合理的政府管理实现贫困国家的现代化。

　　当时萨尔瓦多的发展远不及其他拉美国家，但在法律和教育领域取得了一些进展。例如，1841 年制定全国教育计划，包括开放萨尔瓦多大学和普及民众教育。1855 年，制定"商业法典"，用以规范经济法。1857 年，颁布标准的民事法典和刑法典。此外，萨尔瓦多先后在 1842 年、1843 年、1844 年、1849 年和 1850 年被英国经济封锁，与其他中美洲国家以及墨西哥、美国、比利时、普鲁士、法国、英国和西班牙在 1849~1865 年先后签署贸易与和平协定。

弗朗西斯科·杜阿纳斯在 1863 年至 1871 年再次执政。他推行了新的更为保守的宪法；承认教会的社会地位；在圣萨尔瓦多建立总统府；通过发放信贷和改善基础设施促进咖啡种植业发展，用以大规模出口，最终咖啡种植业成为萨尔瓦多经济的支柱。

1871 年，圣地亚哥·冈萨雷斯（Santiago Gonzalez）通过政变上台，1876 年结束任期。在 1871 年推翻杜阿纳斯执政后，他颁布了若干重要的自由主义改革措施，在削弱教会权力的同时，提升军队的地位，完善军官学院。当时，18~50 岁的所有萨尔瓦多男性必须参军。到 1880 年，萨尔瓦多有 2 万名职业军人，但军队内部存在不平等，高层官员的工资是士兵的 13 倍。

二　自由主义的兴起

1871 年，萨尔瓦多政治开始进入自由主义时期，虽然倡导自由主义的执政者间政见不同，但都对人民实行专治。政权军事化严重。政府的重心主要为通过基础设施建设促进贸易，建设公路和铁路，鼓励外国投资和移民。

1871~1932 年，萨尔瓦多社会发生巨变，经济更加自由。机械化程度和组装程序效率的提高，以及运输成本的下降，促进了出口的增长。随着咖啡在世界市场上的需求不断上升，萨尔瓦多的靛蓝种植逐渐转为咖啡种植。1892 年，咖啡出口额占萨尔瓦多出口总额的 80%。大部分耕地用于种植出口农产品，导致该国传统的自给农业边缘化。由于政权掌握在独裁者和寡头集团手中，当地臭名昭著的 "14 大家族" 通过一系列法律不断吞并小农场主和印第安人的土地。19 世纪 70 年代起，当地印第安人因反对当时的公共土地法而发起了一系列反政府抵抗运动。

这一时期，执政者希望通过地区合作实现政治环境稳定。总统冈萨雷斯于 1872 年与危地马拉、洪都拉斯和哥斯达黎加签署协议促成中美洲的统一。1876 年，尼加拉瓜加入，中美洲五国达成共识，共同推进联邦关系的恢复。但同年 2 月萨尔瓦多发生政变，安德烈斯·德尔·瓦列（Andres del Valle）临时就任总统 3 个月后，拉斐尔·扎尔迪瓦（Rafael

Zaldivar，1876~1885 年在任）上台。扎尔迪瓦在任期内不断维护寡头集团的利益，完全废除萨尔瓦多公共土地制度，巩固以出口导向型农业自由经济为主体的资本增长。

国内政治变化导致这一时期萨尔瓦多政坛更替更加频繁，暴力问题丛生。仅 1841~1898 年，萨尔瓦多就产生了 34 位总统。精英阶层与穷人之间、穷人之间，甚至富人之间的暴力冲突也很常见，他们为维护自身利益相互争斗。当时，政府一贯的做法是利用警察和军队强迫农民在大型农场工作，或为壮大富裕阶层而迫使他们放弃现有土地。

进入 20 世纪后，萨尔瓦多继续实行军事独裁统治，咖啡种植业不断发展。咖啡与萨尔瓦多总统的利益密切相关。1898 年至 1931 年，每位总统都是当地咖啡种植业的寡头。1915 年，巨大的经济增长再次为咖啡寡头们提供了更多的权力。大多数咖啡种植园一直被掌握在大农场主手中，土地持续被兼并，小农场主被迫向富有的大农场主出售土地。种植园的工作环境恶劣，工会被严格禁止，工人和农民遭到严重盘剥。为缓解日益紧张的社会矛盾，1912 年，总统曼努埃尔·恩里克·阿劳约（Manuel Enrique Araujo，1911~1913 年在任）制定了工人保护法。1931 年，皮奥·罗梅罗·博斯克总统（Pio Romero Bosque，1927~1931 年在任）在卸任前推动了总统选举制度的实施。

由于过度依赖咖啡经济，萨尔瓦多国内经济单一化，高度依赖外国资本，全国 4/5 的土地为数百个咖啡种植家族所掌握。1929 年美国经济大萧条也导致萨尔瓦多国内工人收入大幅下滑。1932 年，为改变现状，以工人阶级为基础的革命者拿起武器，反抗当时的经济体系。

在 1931 年选举前夕，以左翼人士和印第安人团体为首，萨尔瓦多爆发大规模劳工抗议运动。抗议运动主要领导者是奥古斯丁·法拉本多·马蒂（Agustin Farabundo Martí）。马蒂运动最终被政府暴力镇压，萨尔瓦多西部印第安人和平民遭到残酷屠杀。

三　军政府时期

1932 年 12 月，马克西米利亚诺·埃尔南德斯·马丁内斯（Maximiliano

Hernandez Martinez）上台。他在镇压了马蒂运动之后，在萨尔瓦多继续实行军事独裁统治，对穷人反抗实施武力镇压，甚至将镇压合法化。这也导致 1932 年约有 3 万名萨尔瓦多平民被残忍杀害。

马丁内斯执政时期，当时精英阶层普遍不支持多元化社会，而是支持集中制的军事统治。各种社会政治因素导致 20 世纪萨尔瓦多政权长时间集中在少数人手中。马丁内斯深知他的权力在很大程度上取决于他的威信。因此，他不断加深民众对内部安全威胁的恐惧，以此提升军队的力量，他任命的内阁大臣大部分是军队将领。

在短时期内，马丁内斯的执政还是令精英阶层满意的，特别是他采取的一些保障人身安全的措施。例如，所有居民必须随身携带国家统一发放的身份证。当时，萨尔瓦多政治自由受到严重限制，共产党被宣布为不合法党派，所有持不同政见的文献被禁止发行。

在 20 世纪 30 年代经济大萧条时期，萨尔瓦多咖啡业面临灾难性后果，特别是中小型生产商受到严重影响。马丁内斯随即强行宣布暂停债务偿付，利息支付降低 40%，以减少这些生产者在经济衰退中的损失。为应对经济危机，他还创立了中央储备银行和抵押贷款银行。这些措施最终将经济从短期灾难中拯救出来。1939 年，马丁内斯制定了新宪法，国家在控制经济和媒体方面发挥了前所未有的作用。马丁内斯也以小规模土地改革减贫而闻名。但是，改革方案对于大多数真正贫困的农民帮助很小，收效甚微，并导致精英阶层的不满。他的政治支持率在 1939 年后开始大幅下滑，文职官员通过辞职抗议他的第三次总统竞选。他们谴责马丁内斯未能按照 1886 年宪法的规定行事。最终，他失去了精英阶层和中产阶级的支持。

1941 年，萨尔瓦多爆发示威游行。游行队伍由学生、精英阶层中的反对者、中产阶级和部分军人组成，旨在反对马丁内斯的统治。马丁内斯政府最终在 1944 年垮台。马丁内斯倒台后，萨尔瓦多仍然处于军政府统治状态，但政治形势更为复杂，多元主义重新抬头，政党层出不穷。民众对军队作为合法执政力量这一点越来越厌恶，而民主价值观则在知识阶层和社会底层的民众中越来越得到认同。由于变革的大门一直被关闭，1972

年后，这些反对力量将不满情绪转化为武装起义，并将其作为当时进行变革的唯一选择。1960 年，反对军政府的政党和左翼政党不断崛起，这些政党以左派知识分子、精英阶层、工人阶级和农民为主体，他们不断发起游行运动。

在 1972 年的总统大选中，基督教民主党、民族民主联盟和国家革命运动党联合组成国家反对党联盟（UNO），共同推出候选人以对抗执政党——民族和解党提名的候选人阿图罗·阿芒多·莫利纳上校（Colonel Arturo Armando Molina）。但最终，莫利纳仍在一片争议声中当选总统。

暴政自萨尔瓦多成立共和国以来一直延续。阿图罗·阿芒多·莫利纳执政后，掀起反共民族主义浪潮，屠杀事件频发。其间，政府不仅打击游击队员，还迫害大学生。由于政变未遂、贿选腐败，以及寡头制度等问题，莫利纳的当选一直受到质疑，所以，他通过镇压学生运动巩固政权的稳定。1972~1973 年，军队受命占领萨尔瓦多大学三所校区，以达到恐吓威胁左翼教授和学生的目的。为对抗莫利纳的暴政，大学生在圣安娜市和圣萨尔瓦多市进行抗议活动。政府在圣萨尔瓦多实施屠杀，导致首都街头 37 人死亡。

军政府时期，1969 年 7 月 14 日，萨尔瓦多与洪都拉斯发生为期 6 天的武装冲突，后在美洲国家组织的协调下，双方于 7 月 20 日签订停火协议。此次武装冲突爆发的根源是经济差距。萨尔瓦多是典型的土地数量有限而人口众多的国家。到 1969 年，约有 30 万名萨尔瓦多人或在萨尔瓦多边境游荡，或是居住在人口相对稀少的洪都拉斯。他们之中大部分是在当地生活数代但属于非法占地的贫农。萨尔瓦多人非法侵占土地的行为引发了洪都拉斯人的民族主义情绪，从而导致成千上万的萨尔瓦多劳工被驱离洪都拉斯，其中包含辛勤工作的工人与长期定居的移民。

在冲突爆发前的两年，两国边境局势日趋紧张。1969 年初，洪都拉斯奥斯瓦尔多·洛佩斯·阿雷拉诺（Oswaldo Lopez Arellano，1963~1971 年在任）政府出台一项土地改革法，没收萨尔瓦多人在洪都拉斯非法侵占的土地，并将他们驱逐出境。两国之间的紧张局势持续加剧。

1969 年 6 月，在世界杯资格赛中，萨尔瓦多队和洪都拉斯队争夺最后一席出线权，最终萨尔瓦多队以 3：2 险胜。这导致两国民众发生大规模暴力冲突，在洪都拉斯的萨尔瓦多人遭到驱逐、殴打和抢夺财产。6 月 27 日，两国宣布断交，双方关系急剧恶化。此次冲突也被称为"足球战争"。

最初，萨尔瓦多率先发动空袭，但洪都拉斯最终占据主导地位，打败了萨尔瓦多空军。随后，萨尔瓦多军队在地面战中再次占据优势，在燃料和弹药短缺之前，萨尔瓦多军队迅速进入洪都拉斯。最终，美洲国家组织通过外交努力协调双方停火。萨尔瓦多军队于 8 月初撤退。多达 2000 人在冲突中丧生，其中以平民为主。对于萨尔瓦多政府来说，此次冲突双方都倾向于转移国家内部矛盾，因为大量流离失所的萨尔瓦多人返回国内，给本已脆弱的本国经济带来沉重负担，引发社会动荡，发动对洪都拉斯的"足球战争"成为扭转这种局面的最佳选择，即便会导致中美洲共同市场（Central American Common Market，CACM）的破裂。

"足球战争"导致的后果包括：萨尔瓦多军火储备枯竭，需要大量的军费补充；萨洪两国间的贸易几乎被完全破坏，中美洲共同市场无法发挥作用；萨尔瓦多非法移民失去在洪都拉斯的经济"安全阀"；土地匮乏的压力持续上升。虽然绝大多数萨尔瓦多人，包括所有合法政党，都团结起来支持政府，但这种团结并没有持续多久。

第五节　内战时期

萨尔瓦多内战是一段沉重的历史，也是 20 世纪拉美地区最具破坏性的内战之一。

自 20 世纪 60 年代开始，在萨尔瓦多，各种反政府组织不断成立，包括武装和非武装力量，如人民解放阵线（Popular Liberation Front）、人民革命军（People's Revolutionary Army）、全国抵抗武装力量等。到 20 世纪 70 年代，反政府游击队得到了工人阶级和知识分子的广泛支持，从而迅速发展。1979 年，内战爆发。1980 年 10 月，五大反政府革命组织——人民解放阵线、人民革命军、全国抵抗武装力量、中美洲工人革命党和萨尔瓦多共产党，联合成立法拉本多·马蒂民族解放阵线，对独裁政府发起进攻。与此同时，由军政府支持，两个以镇压反政府武装为目的的重要组织出现，它们分别是国家民主组织（Organización Democrática Nacionalista）和萨尔瓦多社区联盟（UCS）。

一 内战前夕

1977 年，全国反对联盟为了重新进入政治舞台，在总统大选中，试图将候选人埃内斯托·克莱蒙特（Ernesto Claramont）推上总统位置。但在选举当天，民族和解党及其候选人卡洛斯·翁贝托·罗梅罗（Carlos Humberto Romero）运用暴力、恐吓等方式赢得了选举。随后，克莱蒙特和他的支持者在首都圣萨尔瓦多"自由广场"举行示威活动，参与者达 5 万人。国家警察部队向抗议者发动进攻，造成近 50 人死亡。最终克莱蒙特流亡国外。

"自由广场"大屠杀以及卡洛斯·翁贝托·罗梅罗（1977~1979 年在任）的当选为动荡埋下了种子，进一步激化了国家内部矛盾。美国总统吉米·卡特（Jimmy Carter，1977~1981 年在任）政府以保护人权和避免爆发内战为由，不断向萨尔瓦多军政府提供军事援助，萨尔瓦多军政府则动用军队进行统治和镇压，反而加速了内战爆发。罗梅罗总统上台后，动用武力大规模镇压革命或所谓的颠覆性活动。被镇压者大部分是手无寸铁的平民，这也进一步激化了政府与农民甚至教会的矛盾。

1977 年，政府武装部队暗杀了圣萨尔瓦多大主教、著名的活动家鲁蒂略·格兰德（Rutilio Grande）神父。该事件震惊了整个教会，许多教士、修女和非专业教会的组织者在萨尔瓦多遇难的事实也被揭露出来。萨尔瓦多在军政府的暴行下，政局愈发动荡。1979 年 10 月，罗梅罗总统遭遇政变下台。萨尔瓦多逐渐走向一条不可逆转的战争之路。

1979 年，萨尔瓦多已经处于内战爆发的边缘。军政府的暴力镇压已经完全常态化。为了生存，成千上万的抵抗者不得不拿起武器反抗政府，民众武装数量迅速增加。

二 内战全面爆发

1979 年，在萨尔瓦多发生的一系列事件导致全面内战的爆发。5 月，罗梅罗政府逮捕革命者，导致圣萨尔瓦多数百人抗议，并最终发生流血事件。10 月，在尼加拉瓜革命胜利的鼓舞下，萨尔瓦多人民武装斗争进一步高涨，矛头直指罗梅罗军事独裁政府。10 月 15 日，左翼游击队组织和平民发动政变，罗梅罗政府分崩离析。

随着罗梅罗政府的瓦解，新的临时军政府随之成立。起初，该政府由军方和平民代表共同组成，但很快，联合从内部瓦解，临时军政府继续实施大规模谋杀、酷刑和处决。1980 年 3 月，基督教民主党前总统候选人何塞·纳波莱昂·杜阿尔特（José Napoleón Duarte）加入军政府，并于 12 月 22 日成为政府首脑。

1980 年，内战和流血冲突事件此起彼伏。美国卡特政府向萨尔瓦多军方提供了武器和情报，暴力事件只增不减。自 1981 年起，美国政府向萨尔瓦多政府提供的军事援助不断增多，罗纳德·里根政府（1981～1989）和乔治·W. 布什政府（1989～1993）在 10 多年内提供的援助和资金超过 40 亿美元。

1980 年 2 月，萨尔瓦多大主教奥斯卡·罗梅罗的一封致美国总统卡特的公开信发表。在信中，他恳求暂停军事援助，以避免更多的流血事件发生。3 月，罗梅罗大主教遭到暗杀身亡。5 月 14 日，萨尔瓦多国民警卫队在索纳普尔河畔的拉斯埃达斯村屠杀了大约 600 名村民，其中大多数是妇女和儿童。年底，国民警卫队又犯下另一起轰动世界的暴行，他们强奸和谋杀了 4 名美国修女。据统计，1980 年萨尔瓦多政府军以及三支主要的安全部队共杀害了 11895 人。

1980 年 10 月，法拉本多·马蒂民族解放阵线（简称马解阵线）成立。随即，马解阵线宣布开展武装反抗，并在高山和丛林营地接受军事训练。1981 年 1 月，马解阵线向政府军发起首轮总攻，在莫拉桑省和查拉特南戈省建立革命根据地。之后，美国派出军事顾问，指导萨尔瓦多政府军进行扫荡，并将其称为"焦土作战"，通过铲除游击队在农村的根据地来镇压抵抗，平民成为最大的受害者。

1981 年同样是充满血腥的一年。12 月，萨尔瓦多莫罗特附近发生了内战期间最严重的一次屠杀。军政府以埃尔莫佐特（El Mozote）村及其周边地区支持反政府武装分子为由，命令军队占领村庄，数日内有计划地屠杀了包括妇女儿童在内的千余名手无寸铁的平民。到 1982 年，萨尔瓦多境内死亡人数达到 3 万人，约 60 万人沦为难民。

1982 年，马解阵线呼吁停止内战，组建全国和解政府，但遭到萨尔瓦多政府的拒绝，萨尔瓦多内战持续。1982~1983 年，近 16000 名平民惨遭政府军杀害。

1984 年，内战仍未得到控制，更多的人逃离萨尔瓦多，国内民众流离失所，或被征召入伍，或加入游击队。3 月，在美国里根政府的推动下，前政府首脑杜阿尔特当选萨尔瓦多总统。1984 年 10 月和 11 月，他邀请马解阵线与政府部长会面，推进和平进程。然而，他作为中美洲"反共象征性人物"，与抵抗组织代表着截然相反的利益，和平进程停滞，内战继续，屠杀也在继续。平民不断加入马解阵线。

三 内战结束

1987 年，为结束萨尔瓦多内战，哥斯达黎加总统奥斯卡·阿里亚斯·桑切斯（Óscar Arias Sánchez）促成马解阵线和杜阿尔特政府在危地马拉的埃斯基普拉斯会议上进行谈判，虽收效甚微，但也以此开启了萨尔瓦多的和平进程。

20 世纪 80 年代末，萨尔瓦多发生了翻天覆地的变化。1988 年的议会选举中，基督教民主党失败，民族主义共和联盟（ARENA）大获全胜。该党候选人阿尔弗雷多·克里斯蒂亚尼·布尔卡德（Alfredo Félix Cristiani Burkard）在同一年的总统选举中获胜，这标志着民族主义共和联盟长期执政的开始。在选举中，马解阵线也发出了自己的声音，分析国家政策方针，争取到了参选的机会。

1989 年，内战逐渐平息。美国老布什政府虽然比里根政府更倾向于与游击队员进行和平谈判，但也继续保持对萨尔瓦多的军事援助和支持。

11 月，马解阵线发动内战爆发以来最大规模的袭击，战火蔓延全国。随后，政府军在美国的支持下，再次开展报复式行动。马解阵线的一所野战医院内至少 10 名医护人员被杀，军政府甚至派出杀人小队闯进中美洲大学校园，枪杀了 6 名耶稣会教士以及他们的管家。马解阵线并未因此而被削弱，反而获得了更多民众的支持。

1990 年，在联合国斡旋下，萨尔瓦多政府和马解阵线开始举行谈判。1992 年 1 月 16 日，冲突双方在墨西哥城签署《巩固和平协定》（COPAZ），标志着萨尔瓦多内战结束。根据该和平协定，马解阵线解除武装，游击队员进入由国家重新成立的平民警察部队；马解阵线从游击队转变为合法政党；萨尔瓦多政府军裁军 70%。

第六节　和平年代

一　重建

内战前，萨尔瓦多人口有 500 多万，但内战造成 7 万~8 万人死亡，约 8000 人失踪，超过 100 万人流离失所，逃往洪都拉斯、危地马拉、墨西哥和美国。其中，超过 50 万名萨尔瓦多人逃到美国，成为非法移民。萨尔瓦多农村地区极度贫困，到处都是乱葬岗。1992 年的《巩固和平协定》签署后，萨尔瓦多要面对的是漫长的重建工作。

重建的第一步是调查内战中的一些真相。萨尔瓦多真相委员会于 1993 年发布《从疯狂到希望：萨尔瓦多内战 12 年——真相报告》，该报告揭露了冲突双方令人发指的暴行。联合国调查显示，萨尔瓦多内战中 85% 的平民死亡是由萨尔瓦多政府军造成的。内战双方根据协定共同推动萨尔瓦多的和平进程。马解阵线承认自由市场经济体制，政府推行民主化制度。

事实上，尽管政府宣布改善贫穷和不平等问题，但在协定签署后的最初几年里，土地分配仍然是不平等的。1994 年，没有土地的农民组成了农民民主联盟，要求实施土地改革法案，抗议大部分的土地被富人私人持有。当时83%的农村人口没有土地，或只持有贫瘠的土地，这意味着绝大多数人支持重新划分土地。最终，政府驳回该联盟的请求，1995年10月23日，西部地区1100名没有土地的农民以静坐的形式进行了非暴力示威抗议。他们的行动得到马解阵线的资金支持。

二 民族主义共和联盟执政时期

内战结束后，民族主义共和联盟一直占据执政党地位。1994～1999年，阿曼德·卡尔德龙·索尔（Armando Calderon Sol）执政。任期内，卡尔德龙以帮助前游击队员融入普通民众生活而闻名。由于卡尔德龙政府的帮助，许多前游击队员在内战结束后得以接受教育并获得了土地。但同时，他所采取的各种加速私有化和新自由主义的政策，遭到马解阵线的反对。这一时期，在社会治理方面，萨尔瓦多犯罪率不断上升。但总体上来讲，卡尔德龙在一定程度上重建了内战后的萨尔瓦多，改善了国家经济状况。

1999年，该党候选人弗朗西斯科·弗洛雷斯（Francisco Flores，1999～2004年在任）上台执政。他是坚定的亲美派。执政期间，他继续拉近与美国的关系，并将美国看作萨尔瓦多经济和政治发展道路上必不可少的援助渠道。他甚至在2003年派遣萨尔瓦多军队到伊拉克参战。由于拉丁美洲绝大多数国家反对美国对伊拉克的入侵，这一举动遭到拉美其他国家的强烈谴责。截至2008年，萨尔瓦多是最后一个在伊拉克驻军的拉丁美洲国家。2001年，弗洛雷斯实施本国货币美元化政策，旨在进一步稳定经济。本国货币美元化虽然导致通货膨胀，但在一定程度上改善了国家经济状况。农产品出口增加，旅游业飞速发展，新住宅和酒店不断建成。大量汇款从美国流入萨尔瓦多。然而，由于贫富差距的不断加大，社会问题更加严重，帮派活动不断增加，政府公信力持续下降，每年被谋杀的人数达到了近3000人。即便弗洛雷斯提出了反帮派倡议，但这一问题并未得到解决。

弗洛雷斯的继任者埃里亚斯·安东尼奥·萨卡（Elias Antonio Saca，2004～2009年在任）的执政方针与他的前任相似。在任内，萨卡加大力度打击帮派犯罪，赋予警察更大的权力，提供更多的资金支持。事实上，

帮派暴力问题在整个拉丁美洲泛滥，特别是在哥伦比亚、墨西哥和萨尔瓦多尤为严重，且往往还与毒品贩卖密切相关。随着政府的严厉打击，政府与帮派间的冲突不断升级。另外，左翼政党马解阵线的民众支持率不断攀升，虽然该党在 2004 年的总统大选中失利，但在 2006 年的议会选举中，马解阵线的席位再次增加，获得了更多的政治决策权。

三　马解阵线执政时期

2009 年，右翼政府 20 年的连续执政结束，法拉本多·马蒂民族解放阵线毛里西奥·富内斯·卡塔赫纳（Carlos Mauricio Funes Cartagena）（2009~2014 年在任）领导的左翼政党获胜，开启了左翼政党执政时期。外交方面，富内斯在上台后立即恢复与古巴的外交关系。同时，他加强与委内瑞拉、玻利维亚和巴西等拉美地区其他中左、中右翼国家的政治、经贸往来。美国是萨尔瓦多最重要的经贸、投资伙伴和外交重心，富内斯政府继续沿用这一外交政策，并积极推动中美洲一体化进程。在任内，他坚持温和左翼执政路线，保持了较高的民众支持率，他还就内战问题道歉，缓解日益升级的社会问题。2010 年，萨尔瓦多经济缓慢复苏。社会安全问题困扰着富内斯政府，巴士爆炸案频发，犯罪率居高不下。为应对日益不满的民众情绪，富内斯政府增加了社会支出，同时加大了政府反腐败力度。

2014 年总统选举中，马解阵线的萨尔瓦多·桑切斯·塞伦（Salvador Sánchez Cerén）（2014~2019 年在任）当选，左翼政党继续执政。桑切斯的执政路线与富内斯基本一致，总体而言，左翼新政府延续了前任政府的各项政策。在公共安全方面，自 2016 年 4 月，政府实施打击黑帮的"非常措施"，但此政策的重点仍是压制而不是从根本上解决问题。在外交方面，萨尔瓦多与非洲、大洋洲一些国家建交，加强与日、韩等亚洲国家的关系。2018 年 8 月 21 日，萨尔瓦多终止与中国台湾地区的"邦交"关系，中华人民共和国与萨尔瓦多共和国建交。美萨两国关系日趋紧张，美国总统唐纳德·特朗普上台后，美国实施严厉管控的移民政策，不仅萨非法移民受到影响，已在美国受到临时保护（TPS）的约 20 万名萨尔瓦多移民也面临被驱逐出境的危机。

桑切斯执政以来，萨尔瓦多的腐败问题日趋严重，导致政治体制陷入信任危机。2016 年，反腐败浪潮席卷拉丁美洲，萨尔瓦多政府高层贪腐问题也暴露在公众视野中。两大主要政党——马解和民盟三位前总统被控贪污，他们分别是弗朗西斯科·弗洛雷斯、埃里亚斯·安东尼奥·萨卡和毛里西奥·富内斯。萨尔瓦多历史上首次出现总统被捕受审的情况。不仅如此，2017 年，萨尔瓦多市政当局、议会和司法机构也暴露出相当严重的腐败丑闻。以上种种表明，虽然萨尔瓦多在桑切斯执政期间政治形势整体稳定，但是由于经济增长缓慢，社会安全形势持续恶化，桑切斯政府在社会治理方面没有突破，资源投入及分配等方面又面临诸多掣肘。左翼执政党的民众支持率持续下降，在议会中的地位不断受到威胁。

四　"新思想"党和民族团结大联盟执政时期

2019 年 2 月，"新思想"（Partido Nuew Ideas）党和民族团结大联盟结盟，并在总统大选中获胜，"新思想"党创建人纳伊布·布克尔（Nayib Bukele）当选总统，任期 5 年。

布克尔的当选终结了萨尔瓦多自内战以来两大传统政党——左翼法拉本多·马蒂民族解放阵线和右翼民族主义共和联盟轮流执政的局面。自当选以来，布克尔创立的"新思想"党的支持率不断提升，截至当年 9 月，支持率高达 48%。而两大传统政党已被边缘化。

2019 年 9 月，美萨两国达成协议，为解决移民问题，美国帮助萨尔瓦多提供移民避难设施，打击违法犯罪和非法移民；争取国际和地区合作，消除贫困、发展经济。

2021 年 2 月 28 日，萨尔瓦多举行全国议会和市政选举，投票选举新一届国会议员和 262 位市长。由总统纳伊布·布克尔领导的"新思想"党在议会全部 84 个席位中获得 56 个，占据 2/3 的绝对多数席位。同时，其盟友民族团结大联盟获得 5 个席位，其他临时支持政府的小党也赢得了 3 个席位。主导萨尔瓦多政坛 30 多年的两大传统政党被彻底边缘化，这一结果彻底打破了笼罩萨尔瓦多多年来左右翼轮流执政的局面，有利于提

高布克尔政府治理国家的政策效率。

2022年3月，因社会治安恶化，萨尔瓦多政府宣布进入国家紧急状态。之后，连续20余次延长。有关举措取得了积极效果，萨尔瓦多社会治安形势得到改善。

第七节　著名历史人物

1. 阿纳斯塔西奥·马蒂尔·阿基诺（Anastasio Mártir Aquino，1792年4月16日至1833年7月24日）

阿基诺是一位印第安革命者，是中部土著社区起义军的领袖和武装总指挥。他带领萨尔瓦多诺瓦尔克斯（Nonualcos）地区的印第安人起义反抗马里亚诺·普拉多（Mariano Prado）和华金·德·圣马丁（Joaquín de San Martín）领导的政府的压迫和剥削。他的一生都在为保卫土著民众、他们的土地和尊严而战。

阿基诺1792年4月16日出生于拉巴斯省土著居民定居区。阿基诺和当地土著居民一样，没有接受过教育，寡头资本家持续不断地压榨土著居民，把他们当奴隶一样对待，践踏他们的尊严。1833年初，阿基诺带领诺瓦尔克斯地区的土著居民率先起义，2月初，起义扩大到科马拉帕河和伦帕河地区。政府军多次试图通过武力和谈判制服武装起义的印第安人，但均未成功。阿基诺要求萨尔瓦多政府承认他的军队，并实现包括拉巴斯省和圣维森特省的印第安人自治。他计划以此为契机，继续进军圣萨尔瓦多市，直至罢免总统，成为拉丁美洲第一位印第安总统。然而，土著人文化程度低、不懂政治和军事，是他们的致命弱点。这种状况最终被寡头军事力量利用。阿基诺的起义军在2月底被击败。1833年7月24日，阿基诺在圣维森特被枪杀。

2. 奥古斯丁·法拉本多·马蒂（1893年5月5日至1932年2月1日）

法拉本多·马蒂是20世纪30年代萨尔瓦多著名革命领袖，也是萨尔瓦多人民反独裁的象征。现萨尔瓦多左翼政党法拉本多·马蒂民族解放阵线，就是以他的名字命名的。

1893 年 5 月 5 日，马蒂出生于萨尔瓦多拉利伯塔德省特奥特佩克镇。他家境优渥，父母是农场主，拥有两所庄园和 1000 多公顷土地。1913 年，他以优异的成绩考入圣萨尔瓦多大学，并参加了学生政治运动，反对独裁政府统治。由于信仰激进，马蒂不止一次被驱逐出境。被驱逐后，他曾在洪都拉斯和危地马拉暂居。1925 年，他成为危地马拉共产主义组织的创始成员。1927 年，萨尔瓦多政府开始对马蒂实施政治迫害。监禁期间，他曾绝食抗议。由于他在大学生中间的强大影响力，萨尔瓦多政府迫于压力将其释放。1928 年马蒂前往纽约，并在出席"反帝国主义美洲联盟"（Anti-Imperialist League of the Americas）会议时再次被捕。之后，他决定返回萨尔瓦多。在途经尼加拉瓜时，马蒂接触了该国反美游击队领导人桑地诺。1930 年 5 月，马蒂回到萨尔瓦多不久再次被捕，流亡国外。1931 年 2 月，马蒂返回萨尔瓦多，当时萨尔瓦多军政府在国内实行暴政统治，不断屠杀平民。他组织农民游击队反抗政府，领导民众在总统府外游行，于 4 月 9 日被捕。出狱后，马蒂继续他的活动。1932 年，他在一次未遂的大起义中再次被捕。同年 2 月 1 日，马蒂被处决。

3. 胡安·林多（1790 年 5 月 16 日至 1857 年 4 月 23 日）

胡安·林多是萨尔瓦多独立后的第一位总统，执政时间为 1841 年 1 月 7 日至 1842 年 2 月 22 日。林多是洪都拉斯人，1814 年毕业于危地马拉圣卡洛斯大学，获法学学士学位。1821 年，中美洲各国摆脱西班牙的殖民统治独立之后，他就任科马亚瓜省督统，他也是墨西哥帝国奥古斯丁·德·伊图尔维德吞并中美洲的发起人之一。1840 年他赴萨尔瓦多，1841 年 1 月 7 日至 2 月 22 日任萨尔瓦多临时元首，1841 年 2 月 22 日至 1842 年 2 月 1 日被制宪议会任命为萨尔瓦多从中美洲联邦独立后的国家过渡期总统。执政期间，他于 1841 年 2 月 16 日发布政令，建立萨尔瓦多大学。林多还下令在该国每个村庄和山谷至少有 150 名居民的地方设立学校。

4. 马克西米利亚诺·埃尔南德斯·马丁内斯（1882 年 10 月 20 日至 1966 年 5 月 15 日）

马丁内斯是萨尔瓦多军人、政治家。他对萨尔瓦多实施军事独裁统治

12年。萨尔瓦多社会对马丁内斯的评价褒贬不一。在任内，他采取了与19世纪70年代的自由主义经济截然相反的经济政策，经济明显增长；在公民权利方面，女性获得了选举权，一部分社会保障政策得以实施；但与此同时，萨尔瓦多经历了巨大的社会动荡，尤其是1932年的大屠杀。军政府把控媒体，打击反对党，废除地方选举，操纵国家选举，残忍地杀害了数以千计的持不同政见者和无辜者。

马丁内斯是素食主义者，信奉神秘学、科学和轮回。他的家人则是传统罗马天主教教徒，这导致他与父母的关系十分紧张。他在萨尔瓦多完成中学教育后，进入危地马拉一所军校，获得少尉军衔。之后，他在萨尔瓦多大学法学和社会科学学院学习。马丁内斯1903年晋升为中尉，1906年又升为上尉，同年担任少校队长，参与萨尔瓦多与危地马拉的战争，1909年晋升为中校，于1914年晋升为上校。1919年晋升为准将，1921年被任命为陆军部长。

马丁内斯通过政变上台，1931～1934年担任萨尔瓦多代理总统，1935～1944年担任萨尔瓦多总统。上台后，他领导的军政府强势镇压反对派，并于1932年发动臭名昭著的大屠杀。因被怀疑与法拉本多·马蒂领导的共产党合作，成千上万的萨尔瓦多人被屠杀，受害者多达3万人。

1943年，由于提高了出口产品关税，埃尔南德斯·马丁内斯遭到寡头精英阶层的反对。同时，他公开违宪，宣布他将在不举行选举的情况下完成总统的第三个任期。1944年4月2日，知识分子、商界领袖和军队内部反马丁内斯人士举行武装起义。起义遭到独裁政府的野蛮镇压，甚至有100多名平民在街头示威中被军队枪杀，但冲突并未停止。1944年5月，学生发起非武力罢工运动，以简单地、被动地、非暴力地待在家里来避免与士兵直接对抗。5月5日，医生和其他行业人士加入，成功地将其转变为总罢工。在这场大规模的政治行动中，萨尔瓦多社会完全瘫痪。5月11日，罢工结束，埃尔南德斯·马丁内斯被迫辞去总统职务，流亡危地马拉，并最终定居洪都拉斯。1966年5月15日其被暗杀身亡。

第三章

政　治

第一节　国体与政体

萨尔瓦多实行三权分立的代议制，分为行政、立法和司法三个部门。军队本身虽然不是政府的部门，但对国家治理有相当大的影响力，尤其是在农村地区和受叛乱影响最严重的地区。根据宪法，总统、副总统、各部部长、副部长和政府其他公职人员组成行政权力机关。

一　总统

萨尔瓦多为总统代表的民主共和国，总统既是国家元首，也是政府首脑，总统的行政权力由政府行使。萨尔瓦多国家元首通过法定日期的总统选举直接选出，获得绝对多数票者当选。如果第一轮总统选举中的候选人没有达到绝对多数（50%以上），需要在 30 天之后，在第一轮获得最多票数的两位候选人之间再进行一次选举。总统任期 5 年，不得连选连任。根据宪法，总统作为武装部队总司令，有权向武装部队下达命令。总统之下设副总统一名。

《萨尔瓦多宪法》第 151 条规定：总统候选人必须为在本土出生的萨尔瓦多公民；其父母中有一方须是萨尔瓦多人，不得担任宗教职务，年龄在 30 岁以上，在参加选举前拥有萨尔瓦多公民权满 6 年，并属于一个被承认的合法政党。

不得参加总统竞选者包括：在总统任期开始之前担任总统职务超过 6 个月者；在前届总统任期内曾为总统的配偶、四等血亲或二等姻亲以内的

亲戚；在总统任期开始前1年内曾任立法会主席或最高法院院长职务；在总统任期开始前1年内担任部长、副部长或官方自治机构领导人；现役职业军人，或在选举前3年内曾为现役职业军人。这些规定同样适用于副总统和总统候补人。

总统的权力受宪法制约。总统离境须获得议会批准；除军事机密外，所有议题都要向议会提交报告。此外，总统可以被国会以全体当选议员2/3以上多数表决宣布总统身体上或精神上不能继续行使职权。

根据宪法第168条，总统的权力和义务包括：执行和实施宪法、条约和其他法律规定；维护国家主权和领土完整；维护国内安宁与和平，以及公民的个人安全；缔结国际条约、公约并将其提交国会批准，并保证它们得以履行；处理外交事宜；在每一行政年度终结后的两个月内，就全年行政情况由各部长向国会提出详细报告，并附具有证据的说明（财政部亦应于财政年度结束后3个月内提出上年度的总决算，并说明国库及财政现状；若在上述限期内不能完成这种义务，则该部长应该被罢免，同时立即通知总统，以便总统任命继任的财政部长。新任部长应在就任后30天内提出报告及账目；若新任部长亦不能在限期内完成这一要求，则亦应被罢免）；如国会向政府请求提供相关信息，除秘密军事情报外，政府均应提供；必须保密的政治磋商，总统应事先通知国会，以便国会议员在秘密会议上听取；批准法律，并颁布法律，监督法律的执行；向法官提供为执行法律所必需的协助；根据最高法院的报告和决议，宣布减刑；组织武装部队，并依法授军衔；指挥部署武装部队以维持国内秩序、安全与和平；除常备军外，必要时还可召集其他力量服役，以反击侵略或平息叛乱；宣战和缔造和平，将为和平目的而缔结的任何条约迅速提交国会，以求批准；制定必要的规章，以保障法律的实施；保证公共事业的有效管理和运行；向国会提出共和国总统候补候选人3名，国会必须从中选出2名总统候补人；执行法律所赋予的任何其他职责。

总统负责"对外关系的方向"，同时任武装部队总司令。每年前2个月内要向国会报告国家和政府内部事务的情况。部长和副部长由总统任命和免职。在部长会议（或内阁会议）中，他们与总统和副总统一起制订政府计划、财政预算，并在财政年度开始前至少3个月向国会提交预算。

除此之外，副总统与总统同时当选，在因总统死亡、辞职、被免职或其他原因而出现职位空缺时，由副总统继任。

萨尔瓦多现任总统是纳伊布·布克尔。他于2019年2月3日当选总统，并于6月1日就职，任期至2024年5月。2023年12月，布克尔与副总统乌略亚一并辞职作为竞选搭档参加竞选，布克尔总统的私人秘书罗德里格斯（女）代理总统职务。2024年2月，布克尔在大选中以近85%的支持率成功胜选连任，成为萨尔瓦多民主化以来首位连任的总统，并于6月1日就职。

二　部长委员会

萨尔瓦多部长委员会又称内阁，根据宪法第166条，部长委员会由总统、副总统和国家部长组成。

在萨尔瓦多，行政权由总统行使。按照萨尔瓦多宪法第159条，为开展行政事务，总统必须设立若干部，各部分掌各种行政事宜。每部设部长一人，设一名或一名以上的副部长协助部长处理事务。特殊情况下，根据法律规定，副部长可代理部长职务。

总统有权任命或罢免部长和副部长，调整政府部门，决定每个部长的权力分配。宪法第160条规定，部长和副部长必须为在本土出生的萨尔瓦多人，年龄在25岁以上，无宗教职务，具有优良品德并接受良好的教育，于任命前行使公民权利已达6年。根据宪法第161条，总统的亲属、财政部的债务人和国家的承包商，禁止被任命为部长和副部长。

部长委员会的职能包括：颁布行政部门的内部规章和委员会的规章；详细阐述政府的总体规划；制定政府收支预算，并应于新财政年度开始前至少3个月提交国会；在国家需要召开国会特别会议时，提议召开国会特别会议，按照总统提交的议案举行听证并做出决定等。

三　地方政府

萨尔瓦多全国划分为14个省，各省设省长1名，替补省长1名，均

由中央政府任命。省长必须是年龄在 25 岁以上的萨尔瓦多公民，并为该省居民，或在任命前在该省居住已满两年。

省下设市，由市政委员会进行管理。市政委员会包括市长 1 名、市行政总长 1 名、委员 2 名或多名，委员人数按人口比例确定。市政委员会成员必须是年龄在 21 岁以上的本市居民；由选举产生，任期 3 年，可连选连任。各市规模不一，但人口不得少于 1 万。

地方政府的权力受到中央政府的限制，在一些关键领域，市政当局的权力也是有限的。最显著的例子是税收，虽然市议会有权提出地方税收的税种和税率，但只有立法会有权力征收税款。市议会所有资金都是由国会拨付的。根据萨尔瓦多市政法，市议会每 3 个月至少举行一次公开会议。2023 年，布克尔总统推动将地方城市由 262 个减少至 44 个。

第二节　宪法与选举制度

一　宪法背景

1. 1824~1962 年萨尔瓦多宪法的更替

萨尔瓦多自 19 世纪初独立以来，颁布过 15 部宪法。绝大多数宪法的起草和颁布并没有广泛征求过民意或进行过投票。国家精英阶层主导政治制度进程。资本主义寡头或军事独裁政府的统治，导致了这些宪法的施行时间极其短暂，甚至其中一些宪法出台的目的只是延长总统任期或者给予政变后的政权统治以合法性。

萨尔瓦多第一部宪法于 1824 年颁布，宣布萨尔瓦多是中美洲联邦成员国。在中美洲联邦解体后，萨尔瓦多宣布独立。1841 年，第二部宪法产生。宪法规定了萨尔瓦多两院制的立法机构，总统任期为两年且不能连任。

1864 年，政府再次颁布新宪法。赫拉尔多·巴里奥斯（Gerardo Barrios）通过宪法将总统任期延长到四年，并允许连任一次。1871 年，

由于自由主义的兴起，宪法重新将总统任期恢复为两年，并加大了国会的权力。这部宪法在 1872 年被新的宪法替代。圣地亚哥·冈萨雷斯（Santiago Gonzalez）总统为了满足自己的野心，再次恢复了总统的四年任期。1885 年的宪法将总统任期缩短为三年。

1886 年，萨尔瓦多颁布了新的宪法，该宪法于 1939 年 1 月被废止。宪法规定总统任期为四年，该宪法对总统权力做出一些限制。总体来讲，这部宪法在理论上向建立制度化政府体系迈出了重要一步。

1939 年，为进一步扩大独裁统治和操纵国会，马克西米利亚诺·埃尔南德斯·马丁内斯总统重制宪法，将总统任期从 4 年增加到 6 年。萨尔瓦多宪法继续经历频繁的修改和更替。1962 年，军政府设立的制宪会议以胡利奥·阿达尔贝托·里维拉（Julio Adalberto y Rivera）上校为首，在 1950 年宪法的基础上，制定新宪法。此版宪法直到 1983 年才被取代。该宪法保留了 1950 年宪法规定的一院制、6 年总统任期，并首次赋予萨尔瓦多妇女选举权。

2. 1983 年宪法

1982 年 3 月，萨尔瓦多制宪会议负责制定新的宪法。该宪法进一步制度化，对原有的宪法条例进行了修改，并将 1979 年后政府采取的改革措施也纳入其中，确立了代议制民主政体。制宪会议除决定政府结构外，还规定了总统选举时间。

该宪法重新采用 1962 年宪法的大部分条例。同时，代表以投票的形式通过了土地、金融和对外商业改革等法令。

负责起草宪法的立法委员会于 1983 年 6 月完成了工作。只有土地改革和总统选举时间与程序两个主要议题留给制宪会议来解决。在制宪会议辩论的所有宪法条款中，土地改革问题最有争议。由于保守派的影响力较大，最终政府达成妥协，允许个人拥有的最大土地面积从 100 公顷变为 245 公顷。该条款使一部分富裕的土地拥有者受益，但减少了国家征收土地重新分配的数量。

宪法草案关于死刑的规定并没有争议。议会最终规定仅在国家处于国际战争状态时，依照军事法律，方能判处死刑。该限制条款实际上消除了

萨尔瓦多刑事司法系统的死刑判决。制宪大会在 1983 年 8 月开始审议宪法草案，最终版本于 12 月获得制宪大会的批准。1983 年 12 月 20 日新的宪法生效。

二　宪法内容

1983 年宪法在许多方面与 1962 年宪法非常相似。相同内容包括：总统任期为 5 年，不得连选连任；承认人民有以重新确立宪法秩序为唯一目的而"起义"的权利；肯定萨尔瓦多武装部队的非政治性（实际上这一点并没有做到）；国家保护、促进和支持私营企业；承认私有财产权；劳动者享有最低工资的保护和一周六天工作制；工人享有罢工、业主享有停工的权利。

宪法由 11 篇组成，细分为 274 个条款。第一篇说明了个人的权利和基本保障，包括：不违反公共秩序的言论自由权；有为合法目的和平集会的权利；无罪推定的原则；不得强迫认罪；保障宗教自由，除道德和公共秩序要求而设定的限制外，宗教信仰不受任何限制；宗教行为不影响公民个人身份；等等。

第一篇还规定了可以暂停宪法保障的条件以及暂停的程序。这种暂停条件包括发生战争、外国入侵、叛乱或煽动叛乱、灾难（自然灾害）、流行病或其他重大灾难。这种暂停由立法机关或行政当局根据情况发布命令，暂停时间不得超过 30 天，如期限届满后暂停的原因继续存在，当局可以发布新命令将暂停延长同样期限。暂停宪法保障后，反对国家现行政府和组织罪、针对国际或国内机构的动乱罪、破坏公共安全罪等属军事法庭管辖范围并由其审理。1984 年 2 月至 1987 年初，在暂停宪法保障的情况下，军事法庭通常被称为第 50 号法院。

根据宪法，凡年龄在 18 岁以上的萨尔瓦多人，不分男女皆为公民。因此，他们既有政治权利，也有政治义务。公民的政治权利包括依法行使选举权，组织政党或参加现有政党的权利。选举权既是权利也是义务，选举投票为强制性的，未投票的公民会受到小额罚款，但在实践中很少执行。

第五篇定义了国家"经济秩序"，包括私人企业和私人财产得到承认和保障。后者被认定为"社会功能"，而这一表述实际上可能产生非生产性土地或其他财产被征收的风险。个人，不论其为自然人或法人，其土地最大拥有量不超过245公顷，个人土地有自由转让、出卖、分配、出租的权利。因公用事业或社会利益需要土地，可在对土地所有者合理赔偿后征用土地。

修改宪法程序复杂。宪法的修改须国会全体议员的2/3及以上赞成并表决通过才能形成提案。为使宪法修正案成为法律，须经下次国会会议以同样多数赞成票通过批准。由于立法议员任期3年，所以修正案可能需要很长时间才能通过批准。

三　选举制度

萨尔瓦多的选举程序依照1988年1月国会重新制定的"选举法"执行。虽然该选举制度存在一定的弊端，但还是比较严格遵守了大多数拉美国家遵循的选举程序。

中央选举委员会负责管理选举程序，由国会选举3名委员组成，其中2名从在最近一次总统选举中获得较多选票的三个政党所提出的候选人名单中选出，另一名从最高法院提出的候选人名单中选出。依同样方式选举3名候补委员。委员和候补委员任期5年。中央选举委员会主席是选举程序的主要负责人，所有公民在投票前要在中央选举委员会登记、领取选民身份证，证明他们在全国选举登记册上进行过登记。选民要在投票站出示选民身份证，进行选民身份认证，上面必须有选民照片、签名和右手拇指指纹。选民身份证自签发之日起5年内有效。

第三节　立法与司法

一　立法

萨尔瓦多国会（立法大会）为国家一院制立法机构，原有84名议员，采取区域代表制按各省人口比例选举产生。2023年7月，萨尔瓦多国会通过决议，将议员席位由84席减为60席。议员任期3年，可连选连任。

根据萨尔瓦多宪法第 121 条，国会是由依照国家宪法规定的方式选举出来的代表组成的，拥有立法权。萨尔瓦多国会的权力相当大，包括：批准与其他国家或国际组织签署条约或协定；任命国家官员或公职人员，如总检察长、国防部人权顾问、总统，审计法院、最高法院的院长和法官，以及全国司法委员会成员等；制定、解释、修订和废除国家法律；监督政府的行动；负责征税、通过政府收支预算以及修改预算；选举中央选举委员会主席和委员；修改宪法；等等。

国会议员必须为年满 25 岁、在本土出生的萨尔瓦多公民。共和国的总统和副总统、政府部长和副部长、现役军人、共和国总统四等血亲以内者，不得参加议员选举。同时，议员不可从国家获取开发自然资源或开办公共服务工程的许可，亦不可充任拥有此类合同或许可的本国人或外国人的代表或代理人。除可担任教育、文化性质的职务或与社会福利专业服务有关的职务外，国会议员在当选任期内不得担任任何有报酬的公共职务。

国会全体会议代表国会最高权力，由全体或大多数当选议员组成，负责就具体事务集中审议并做出决定。它由国会主席领导，在国会主席缺席的情况下，由副主席领导，一般一周举行一次，假期除外。其中，国会议长委员会由议长、副议长和秘书长组成。

国会设四类委员会，包括常设委员会、临时委员会、特设委员会和专门委员会，旨在研究、分析、批准或拒绝提交至国会的法案。各个委员会的人员构成比例由国会议长委员会决定。

2024 年 2 月，萨尔瓦多举行新一届国会选举，任期为 2024 年 5 月至 2027 年 4 月。其中，执政党新思想党占 54 席，反对党民族主义共和联盟占 2 席、民族和解党占 2 席、萨尔瓦多基督教民主党占 1 席、前进党占 1 席。

新思想党议员埃内斯托·卡斯特罗（Ernesto Castro）连任国会主席，2024 年 5 月 1 日就职，任期至 2027 年 4 月。

二　司法

萨尔瓦多司法独立于行政立法机关。最高法院是萨尔瓦多最高司法权力机构，位于圣萨尔瓦多市。

最高法院由 15 名法官和同等数量的候补法官组成。法官由国会选举产生，任期 9 年，每三年变更其中 1/3 的法官。根据宪法，最高法院院长由国会任命，任期 5 年。宪法第 176 条规定，最高法院法官必须为萨尔瓦多人，没有担任宗教职务，年龄在 40 岁以上，而且是本国律师，有社会公认的品德和能力，已在二审法院任法官 6 年或在初审法院任法官 9 年，或在当选前至少已获得律师执照 12 年，在选举前连续 6 年行使公民权。

最高法院内设 4 个分庭：宪法法庭、行政争议法庭、民事法庭和刑事法庭。宪法法庭设 5 名法官，其中一人须是最高法院院长，宪法法庭亦由他主持。根据宪法第 174 条，最高法院院长负责就有关法律、政令、民权保障和人权保护的规定等是否违宪的诉讼举行听证，并做出相应的判决。对宪法第 138 条所述立法部门和行政部门关于违宪的争执，和第 182 条中第七项权力的条款举行听证并做出裁决。行政争议法庭设 4 名法官，是唯一负责解决公共行政实体与个人之间争端的法庭。民事法庭和刑事法庭分别设 3 名法官，是民事类和刑事类案件上诉的最高一级法院。

最高法院下设若干二审法院，法官各 2 名，他们负责听取初审法院判决的上诉。其下又设若干初审法院和治安法院。治安法官任期为 2 年。

第四节　主要政党和社会团体

萨尔瓦多为多党制国家。2015 年 3 月 1 日国会选举后，反对党民族主义共和联盟成为国会主要力量。法拉本多·马蒂民族解放阵线为第二大党，第三大政党是民族团结大联盟。2019 年 "新思想" 党成为执政党，传统政党相对边缘化。

一　主要政党

1. "新思想" 党（Nuevas Ideas，NI）

2017 年 10 月由纳伊布·布克尔创建，2018 年 8 月完成注册。该党主张走 "新中间道路"，反对贪腐、特权和排他，提倡党内民主，支持多元共生。该党先后颁布两部党章，于 2020 年 3 月举行首次党内选举，选出

中央、省、市三级领导机构负责人，正式建立起包括全国委员会、全国代表大会、全国选举委员会、道德保障委员会、地方组织机构等党内各级组织架构。2019年成为执政党，现为议会第一大党团。党主席是萨布拉·布克尔（Zablah Bukele）。

2. 民族团结大联盟（Gran Alianza por la Unidad Nacional）

2010年1月16日成立。由民族主义共和联盟分裂而来。自称中左翼政党，但政治基调相对保守，贴近右翼。现为议会第三大党团。因"新思想"党未能在总统候选人登记前完成注册程序，布克尔于2018年7月作为该党候选人参加大选。现为执政党盟党。党主席是尼尔森·瓜尔达多（Nelson Guardado）。

3. 民族主义共和联盟（Alianza Republicana Nacionalista，ARENA）

民族主义共和联盟是萨尔瓦多的右翼保守政党，1981年9月30日在退役敢死队队长罗伯特·德阿武因松（Roberto D'Aubuisson）领导下创立。民族主义共和联盟成立之初旨在与法拉本多·马蒂民族解放阵线进行政治竞争，以及废除萨尔瓦多军政府。20世纪80年代，该党一直掌控萨尔瓦多国会，党主席阿尔弗雷多·克里斯蒂亚尼（Alfredo Cristiani）于1989年当选总统后，该党执政至2009年，是萨尔瓦多执政时间最长的政党。民族主义共和联盟在1982年制宪议会选举中发挥了主导作用。但由于其领导人的极端主义形象，该党遭到民众的反对。为了改变自身形象，德阿武因松在1985年10月不再担任党主席。

该党执政理念包括：推行民主和代议制，强调个人权利，尊重家庭是社会的核心以及私有财产。根据其党章，民族主义共和联盟是由"维护民主和代议制国家、社会市场经济结构和民族主义的萨尔瓦多人"组成的政治组织。最高权力机构是由13名成员组成的全国执行委员会，成员由党派年度代表大会选举产生。除此以外，该党还设有14名执行主任，负责协调所在省份的政治工作、组织竞选等活动。

4. 法拉本多·马蒂民族解放阵线（Frente Farabundo Martí para la Liberación Nacional）

法拉本多·马蒂民族解放阵线曾是萨尔瓦多的反政府组织。该党名称来自左派领袖法拉本多·马蒂，他于 1932 年被马克西米利亚诺·埃尔南德斯·马丁内斯政府下令处决。马蒂的殉道，以及军政府的独裁统治和对人民的镇压给萨尔瓦多社会留下了不可磨灭的伤害。

1980 年 10 月 10 日，马解阵线成立，由 5 个左派游击队联合组成反政府武装阵线：法拉本多·马蒂人民解放军、人民革命军、全国抵抗武装力量、萨尔瓦多共产党和中美洲劳工革命党。当时它只是由古巴支持的持不同政见联盟——民主革命阵线（Frente Democrático Revolucionario，FDR）的一支准军事部队。整个 20 世纪 80 年代，该党成员不断增加，并与受美国训练和援助的萨尔瓦多政府军进行了激烈的战斗。1989 年 11月，马解阵线在包括该国首都圣萨尔瓦多在内的多个城市的市中心发起大规模武装攻势。经过数周的交锋，游击队被迫撤出城市。不过，当时的萨尔瓦多总统阿尔弗雷多·克里斯蒂亚尼对政府军丧失信心，决定通过谈判解决问题。1992 年 1 月 16 日，萨尔瓦多政府和马解阵线在墨西哥城签署了由联合国斡旋的《巩固和平协定》［又称《查普尔特佩克和平协定》（Chapultepec Peace Accords）］，马解阵线成员随后开始解除武装。同年 12 月，负责选举监督的萨尔瓦多最高选举法庭承认马解阵线为官方政党。

1993 年 9 月，马解阵线举行第一次党代会，支持民主集中联盟（Convergencia Democrática，CD）的鲁本·萨莫拉·里瓦斯（Rubén Zamora Rivas）竞选总统，但萨莫拉最终败选。而在同时进行的国会议员选举中，马解阵线也只得到了很少的席位。在 1997 年国会选举中，马解阵线取得了只比民族主义共和联盟少一席的好成绩。然而，该党仍然没有在 1999 年总统选举中获胜，其候选人仅获得 29% 的选票。此后，马解阵线在国会所占席位不断增加。2000 年和 2003 年，均获得 31 个席位。在 2004 年总统选举中，民族主义共和联盟候选人安东尼奥·萨卡（Antonio Saca）以获得约 2/3 的选票击败了马解阵线前游击队司令沙菲克·豪尔赫·汉达尔（Schafik Jorge Hándal）。2006 年，民族主义共和联盟再次赢得了国会选举中的多数席位。2009 年，马解阵线在国会选举中重新占据多数席位，毛里西奥·富内斯于 2009 年 3 月的总统选举中获胜，当选为

新一届总统，马解阵线最终成为执政党。2014年3月该党候选人桑切斯成功当选总统。截至2019年，该党一直是萨尔瓦多的执政党。

二 其他党派

1. 基督教民主党（Partido Demócrata Cristiano，PDC）

基督教民主党成立于1960年11月25日，在20世纪60年代和70年代致力于反对萨尔瓦多政府的军事独裁统治。在萨尔瓦多，基督教民主党被定义为中左派政党。该党由被排除在萨尔瓦多政治进程之外的城市中产阶层发起建立。但由于当时的社会反对民众参与政治和政府决策，部分追随者倒向激进左派。1979年是基督教民主党发展的转折点，该党领导人进入军政府，为他们参加1982年开始的民主进程赢得了机会。他们的政治参与也得到了美国的支持。尽管在1982年的国会选举中没有赢得大多数席位，但是该党通过此次选举，一跃成为萨尔瓦多的主要政党之一。

在1985年总统选举后，基督教民主党成为执政党，杜阿尔特总统的民望颇高。基督教民主党利用对行政部门和立法机构的控制，进一步推动土地改革方案的确立，起草了新的"选举法"，对政治犯实行大赦，通过了几项经济改革措施。1985年9月总统女儿被绑架，导致军队对总统支持的削弱，继而他在政府和党内权力被架空。

1988年大选前，该党出现分裂。1988年6月，杜阿尔特总统被诊断出肝癌晚期，该政党的处境雪上加霜，逐渐衰落。

2. 全国和解党（Partido de Conciliacion Nacional，PCN）

1961年成立的全国和解党属右翼党派，与军队关系密切，1962~1979年连续4次执政。鉴于萨尔瓦多政治的极端化倾向，没有群众基础或上层组织的党派往往被边缘化。在1988年选举之后，全国和解党逐渐衰落。

2010年以来，除主要政党和一些小党以外，萨尔瓦多还有部分党派崛起，包括萨尔瓦多爱国兄弟会（Fraternidad Patriota Salvadoreña，FPS）、国家调解党（Concertación Nacional，CN）、希望党（Partido de la Esperanza，PES）、人民党（Partido Popular，PP）、萨尔瓦多进步党

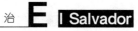

（Partido Salvadoreño Progresista, PSP）、社会民主党（Partido Social Demócrata, PSD）、萨尔瓦多民主党等。

三 社会团体

1. 私营企业组织

私营企业成员主要依靠私营企业组织阐述其在经济和政治问题上的立场，这些组织通过批评政府决策、对相关政治家进行各种游说、通过工商业社团参与国家政治。这些组织包括全国私营企业协会（Asociacion Nacional de la Empresa Privada, ANEP）、萨尔瓦多工业协会（Asociacion Salvadorena de Industriales, ASI）、萨尔瓦多商业和工业协会（Camara de Comercio e Industria de El Salvador）、萨尔瓦多咖啡种植者协会（Asociacion Cafetalera de El Salvador, ACES）以及咖啡加工者和出口商协会（Asociacion de Beneficiadores y Exportadores de Cafe）。协会成员多为商业精英，他们一贯主张减少政府对工业、外贸的干预，反对增加商业税，要求不扩大土地改革和减少政府支出。

2. 工人和农民团体

20世纪初期，萨尔瓦多工会就已经存在，但是由于传统政治的排他性，以及只有非农业劳动者被允许参加工会，其成员数量很少，政治参与度受限。20世纪70年代后期出现的一系列政治动荡都与劳工运动有关。受压迫的农民和工人开始自发成立工会组织和民间机构，这些组织采取了激进和反政府的反抗形式。20世纪80年代初，其组织了罢工、示威、抗议等活动，随着政治的两极化，右翼暴力行动随之展开。温和派、亲民主派和无党派人士同时遭到无辜杀害。随着1982年制宪议会选举后的民主制度的演变，情况开始好转。

众多萨尔瓦多社会团体支持杜阿尔特当选总统。他们认为自身利益可以通过经济改革获得满足，而解决冲突是刺激经济发展的必要途径。1984年2月，杜阿尔特与最大的中间派团体——人民民主联盟（Unidad Popular Democratica, UPD）签订了"社会协议"。该协议呼吁全面推行土地改革，政府支持工会权利，工会和农民领袖参与政府决策，继续努力制

止侵犯人权的行为，并结束国内冲突。

1984年初，人民民主联盟一直是最主要的劳工和农民联盟组织。但杜阿尔特政府未能履行协议，人民民主联盟随之瓦解。

1984年12月，新的劳工联盟成立，名为民主工人联合会（Confederacion de Trabajadores Democraticos，CTD）。1986年3月，民主工人联合会和萨尔瓦多社区联盟及其他一些工人和农民团体组成全国工农联盟（Union Nacional de Obreros y Campesinos，UNOC）。同时，更为激进的工人和农民团体萨尔瓦多全国工人联盟（Union Nacional de Trabajadores Salvadorenos，UNTS）成立。它包括部分前人民民主联盟成员、几个左派劳工团体、前苏联共产党成员、全国农民协会（Asociacion Nacional de Campesinos，ANC）和左翼学生组织——萨尔瓦多大学学生总会（Asociacion General de Estudiantes Universitarios Salvadorenos，AGEUS）。

1986年，萨尔瓦多全国工人联盟组织了大规模的反政府示威活动。虽然全国工农联盟反对萨尔瓦多全国工人联盟的激进策略，并支持当时政府颁布的改革方案，但由于杜阿尔特无法提高工人生活水平和减少叛乱，全国工农联盟也逐渐对政府失望。由于内部矛盾频发，全国工农联盟的影响力逐渐衰落。

萨尔瓦多全国工人联盟代表了左翼激进的劳工和农民团体，全国工农联盟则持较为温和、中间偏左的立场。同时也有一些保守工会团体自20世纪80年代后期一直在活动。其中主要的两个组织为工会总联合会（Confederacion General de Sindicatos，CGS）和全国工人联合会（Confederacion Nacional de Trabajadores，CNT）。

第五节　主要政治人物

1. 何塞·阿图罗·卡斯特拉诺斯（José Arturo Castellanos，1893年12月23日至1977年7月18日）

何塞·阿图罗·卡斯特拉诺斯上校是萨尔瓦多历史上的标志性人物。二战中，他拯救了4万多名犹太人的生命。

何塞·阿图罗·卡斯特拉诺斯 1893 年出生于萨尔瓦多圣维森特市。他是萨尔瓦多军人和外交官，曾在萨尔瓦多军事理工学院和意大利进行军事学习。他从军 26 年，最终晋升为萨尔瓦多共和国陆军第二总参谋长。1937 年，他被任命为该国驻利物浦（英格兰）的总领事。1938 年，他到萨尔瓦多驻德国汉堡领事馆工作，1941~1945 年担任萨尔瓦多驻瑞士日内瓦领事。当时，德国政府为防止犹太人外逃，颁布了不签发签证的命令。但该命令并没有阻止卡斯特拉诺斯上校，他和领事馆的工作人员一起展开了救援行动。卡斯特拉诺斯继续向来自罗马尼亚、波兰、捷克斯洛伐克、保加利亚和匈牙利等国的犹太人派发签证文件，将他们伪装成萨尔瓦多人，避免了 4 万多名犹太人被送入集中营和毒气室。卡斯特拉诺斯在圣萨尔瓦多去世多年后，当犹太人大屠杀幸存者出现在萨尔瓦多驻以色列大使馆，向他们表示感谢时，他的事迹才被人们知晓。2010 年，为纪念他，圣萨尔瓦多市原委内瑞拉大道更名为何塞·阿图罗·卡斯特拉诺斯上校大道。

2. 鲁蒂略·格兰德（1928 年 7 月 5 日至 1977 年 3 月 12 日）

格兰德神父主张解放神学，一生致力于神职工作，始终与教区的普通民众站在一起，反对萨尔瓦多政府的独裁统治，捍卫人民的民主权利。

鲁蒂略·格兰德神父 1928 年 7 月 5 日出生于圣萨尔瓦多。1941 年 1 月，他进入神学院学习，成为一名教士。他是阿吉拉雷斯教区的神父，在那里他建立了基础教会团体。但这一举动遭到寡头地主和保守派神父的厌恶。他在布道中，将社会公平和正义的理念带给了萨尔瓦多的普通民众，帮助穷人争取尊严和正义，受到广大民众的尊崇。同时，他也被执政当局和一些萨尔瓦多主教视为激进派，遭到寡头势力和军队的监视。萨尔瓦多内战爆发前夕，独裁政府的暴行愈演愈烈，政治局势愈发动荡。许多教士、修女和非专业教会的组织者在萨尔瓦多遇难。1977 年 3 月 12 日，格兰德神父遇袭身亡。

3. 奥斯卡·阿努尔福·罗梅罗（1917 年 8 月 15 日至 1980 年 3 月 24 日）

罗梅罗大主教是 20 世纪 70 年代后期，萨尔瓦多内战时期的杰出人物。他作为圣萨尔瓦多大主教站在贫苦民众一边，谴责当时的执政者反复

无常，批判独裁政府侵犯人权。他向普通民众传播众生平等的思想，在争取更公正社会的斗争中树立了榜样。罗梅罗是萨尔瓦多天主教徒心目中的守护神，被称为"圣人罗梅罗"。他被视作"20世纪十大宗教殉道者"之一。

罗梅罗1917年8月15日出生于圣米格尔省巴里奥斯市。1930年，进入圣米格尔市神学院学习。1942年4月4日被正式任命为神父。最初，他担任阿纳莫罗斯教区的神父，不久后回到圣米格尔，担任教职20年。1966年，他被选为萨尔瓦多主教会议秘书长后，开始广泛参加社会公共活动。受到1959年古巴革命的影响，整个拉丁美洲的共产主义运动得到发展，民众与受美国支持的独裁政府的冲突加剧。1977年2月23日，罗梅罗被任命为萨尔瓦多大主教。这一任命最初令政府和权力阶层非常满意，他们认为新任大主教可以有效限制当地平民在教区的反政府活动。然而，3月12日，罗梅罗的挚友、创立了农民互助团体的进步人士鲁蒂略·格兰德神父被暗杀。这一事件对他影响巨大，直接促使罗梅罗大主教致力于追求社会的进步、平等、公平和公正。奥斯卡·罗梅罗积极为本国人民奔走，并被国际社会广泛肯定。1978年2月14日，他被美国乔治城大学授予名誉博士学位。1979年，他获得诺贝尔和平奖提名。1980年2月，他被比利时鲁汶大学授予名誉博士学位后，赴梵蒂冈拜访了若望·保禄二世，并表达了他对他的国家可怕局势的担忧。萨尔瓦多内战爆发后，民不聊生。1980年2月17日，罗梅罗大主教致信美国总统卡特，反对美国向萨尔瓦多政府提供军事援助。这也导致罗梅罗不断收到死亡威胁。3月初，罗梅罗用于周日布道宣讲的电台"泛美之声"被炸毁。1980年3月24日，他在一所医院教堂主持弥撒时被枪杀。3月30日，罗梅罗大主教的葬礼在圣主总主教大教堂（也是罗梅罗工作的教堂）举行。然而，葬礼最终演变成武装冲突，政府安全部队袭击了聚集在大教堂广场上的数千名萨尔瓦多人，造成40多人死亡，200多人受伤。

4. 纳伊布·布克尔（1981年7月24日~ ）

布克尔1981年7月24日出生于圣萨尔瓦多市。在左翼政党法拉本多·马蒂民族解放阵线的支持下，2012~2015年和2015~2018年分别任新库斯卡特兰市和圣萨尔瓦多市市长，其间他通过重振贫困社区和支持同性婚姻的计划而备受好评。他的参选之路可谓一波三折。2017年10月，在因与法拉本多·马蒂民族解放阵线政见不同而被开除党籍后，布克尔成立了新的政党——"新思想"党，旨在参加总统大选。在选举委员会认定该党成立时间短且不具备参选资格后，他于2018年7月迅速加入小型中间党派民主变革党（Cambio Democrático）。随后，该党在7月25日被取消竞选资格，理由是在之前的市政选举和议会选举中的选票数量不足5万。同一天，布克尔加入中右翼党民族团结大联盟，并以获得超过90%的选票成为该党总统候选人。2019年2月当选总统。6月1日，布克尔就任总统。2024年2月，布克尔成功胜选连任，于6月1日就职。

第四章

经　济

作为地处中美洲的小国，萨尔瓦多独立的过程伴随着地区局势的动荡，长期累及经济的稳定发展，直至1992年全国实现和解，达成了和平协议，局势才有所好转。国内经济得以恢复，政府主导进行了多项经济改革，经济的多样性不断提高，外国投资增加，外贸出口也逐渐成为经济发展的重要动力。最为关键的是，萨尔瓦多国内经济环境发生了根本性的转变，社会较为稳定，这也为经济发展奠定了内部基础。

2006年，萨尔瓦多成为第一个批准《多米尼加-中美洲-美国自由贸易协定》的中美洲国家。该项协定促进了食物、蔗糖和乙醇的出口，并且对服装制造业领域的投资有所裨益。萨尔瓦多经济政策倡导为自由贸易和投资创造有利环境。此外，萨尔瓦多还积极推进私有化进程，现已逐步扩大到电信、电力、银行和养老基金等领域。

2009年，受到2008年国际金融危机的影响，萨尔瓦多国内生产总值下降了3.6%。得益于进出口和侨汇的增长，其经济于2010年开始复苏。2019年萨尔瓦多的GDP增长率为2.4%。2020年，受全球新冠疫情和飓风的影响，萨尔瓦多的GDP增长率为-8.6%。2021年，萨尔瓦多宣布比特币为合法货币，经济强劲复苏，GDP较上年增长10.3%。2022年、2023年经济增长率分别为2.6%和2.8%。

近几年，萨尔瓦多经济在产业发展领域取得巨大进步。2021年，在中美洲国家中，萨尔瓦多人类发展指数位列第四，仅次于哥斯达黎加、巴拿马和伯利兹。国家经济活动主要集中在首都圣萨尔瓦多市。2019年，萨尔瓦多国内生产总值在拉美33个国家中居第18位，按购买力平价

（PPP）居拉美地区第 26 位。

2019 年 2 月 13 日，在巴黎举行的经合组织发展中心（OECD Development Centre）会议上，萨尔瓦多成为其第 53 位成员。这主要得益于萨尔瓦多国内经济的包容性增长和改革措施。经合组织发展中心将继续支持萨尔瓦多的包容性发展，特别是萨尔瓦多结构调整和治理方面的政策，以利于经济的可持续增长和社会的包容。①

第一节　概况

自 19 世纪以来，萨尔瓦多同多数拉美国家一样，也经历了资本主义经济发展的多个历史阶段，即初级产品出口阶段、进口替代工业化阶段、新自由主义阶段等，形成了国家当前的产业分布特点与国家经济发展特色。

一　20 世纪中叶前的经济发展

从殖民地时期到 20 世纪中叶，萨尔瓦多经济的主要特点是对农牧产品的依赖，特别是在出口方面表现最为突出。

从西班牙殖民时期开始，当时的萨尔瓦多仅是几个省，到之后松索纳特大区独立并统一，再到萨尔瓦多加入中美洲联邦，最后到从中美洲联邦中分离并成立共和国，萨尔瓦多的经济主要包括可可、靛蓝、咖啡、棉花等农作物种植业。在所有的作物中，咖啡最具经济效益并具有广泛的群众基础，而这也成为萨尔瓦多人主要的收入来源。

1. 可可和香脂树的种植

在前哥伦布时期，可可在印第安人中间广为流传，巧克力则只在上层社会流传。之后，巧克力传到了欧洲，而可可对于西班牙人来说也成为一

---

① El Salvador Becomes the 53rd Member of the OECD Development Centre，http：//www. oecd. org/countries/elsalvador/el- salvador – becomes – the – 53rd – member – of – the – oecd – development–centre. htm.

种宝贵的商业产品。据估算，在 1574 年，萨尔瓦多可可的年产值上升到了 30 万雷亚尔；11 年之后，其产值已经上升至 50 万雷亚尔。

虽然可可热一直持续，但是自 1585 年起萨尔瓦多可可的产量开始下降，这主要是由于印第安人感染西班牙人带来的疾病，人口数量下降，以及伴随而来的劳动力缺乏。

除了可可，西班牙人也把香脂作为保证其贸易稳定的重要产品，因为香脂在欧洲被用于制作药物、香水，也是天主教制作圣油的重要原料。同可可一样，香脂的提取技术也掌握在印第安人手中。他们用火来提取香脂。这样的方式对环境和香脂产业的发展都极具破坏性，会导致香脂树规模迅速减少。西班牙统治者因技术和开发不可持续性等因素，最终放弃了发展香脂贸易。这也是香脂未能成为萨尔瓦多经济支柱的最主要原因。

2. 靛蓝种植

不同于可可和香脂的生产被印第安社会掌握，在萨尔瓦多，靛蓝的种植完全由西班牙人掌握。由于全世界对天然染料的需求，靛蓝成为首要的出口产品，也成为萨尔瓦多普通家庭的经济来源。在 17 世纪初期，从中美洲运送至欧洲的靛蓝有 50 万磅，并在 17 世纪多次翻番。靛蓝的产量不断增加，1855 年，靛蓝的出口额已占萨尔瓦多全部出口额的 86.3%。

在世界范围内，自 19 世纪 40 年代末开始，靛蓝的价格不断上涨。然而由于战争和疾病，萨尔瓦多靛蓝种植者错失了几年的时机，这段时间靛蓝的国际价格异常高昂。随着环境趋于稳定，靛蓝的产量重新增加，徘徊在 100 万至 200 万磅。然而，随着 19 世纪中叶最早的合成染料被发现，靛蓝的种植者渐渐因价格回落而放弃种植这种作物，转而种植咖啡。

3. 棉花贸易的发展和繁荣

在 19 世纪 40 年代，萨尔瓦多提出出口以棉花为代表的其他农产品的计划，但是由于缺乏适当的经济条件而宣告失败。此外，政府提高棉花产量的努力也不到位。1858 年，只有萨尔瓦多东部乌苏卢坦省生产少量的棉花。恰因如此，由于缺乏充足的棉花供应纺织厂，棉花的价格开始升高，这促使萨尔瓦多人更多地种植棉花。1863 年，萨尔瓦多第一次出口棉花。

由于缺乏棉花加工能力，这一时期，棉花被运到尼加拉瓜进行加工。之后，英国企业为萨尔瓦多引入了加工棉花所必需的设备。棉花出口前在萨尔瓦多进行加工，通过这种方式能够增加种植棉花的收益。棉花贸易的繁盛只持续了很短的时间，棉花的产量于1866年开始下降。萨尔瓦多当时棉花种植的面积有限，因为一些沿海地区的生态环境并不利于棉花的种植，虫灾频繁出现。直到20世纪出现有效的杀虫剂，国家才重新鼓励大规模地种植棉花。

4. 咖啡种植

从殖民地时期开始，萨尔瓦多已经有种植咖啡的传统，但是当时的咖啡产量一直不能满足本地消费需求，到19世纪40年代，萨尔瓦多才有出口咖啡的能力。19世纪末期（1870~1900年），萨尔瓦多最为重要的经济变化是新农业生产活动的发展，咖啡是出口增长最快的产品，也是产生最多利润的产品。

1860~1880年，咖啡的种植因需求旺盛而具有更大的动力。1864~1881年，咖啡的出口量成倍增加。19世纪末至20世纪初，在萨尔瓦多加工咖啡有着丰厚的利润，客观促进了萨尔瓦多咖啡业的发展。此外咖啡的出口商与欧洲和美国也有着密不可分的利益关系，因为欧洲和美国负责咖啡的分销及运输。

二　20世纪中叶以来的经济发展

第二次世界大战之后，受益于20世纪60年代中美洲共同市场的建立，萨尔瓦多经历了长时间的持续性经济增长。

70年代，萨尔瓦多的经济受到了世界经济衰退和国际原材料价格下降的影响，而不利的气候条件也加剧了萨尔瓦多的经济发展压力。从70年代末期至80年代中期，受到出口、区域内贸易减少，以及内战的影响，萨尔瓦多的国内生产总值持续下降。

国内武装冲突给萨尔瓦多经济发展带来破坏性影响，其中受影响最为严重的是农业产区、公路和能源设施。内战也导致萨尔瓦多损失了一半的国内生产总值，并导致资本外逃和外国投资的下降。1992年初，和平协议的签署是经济恢复的一个重要节点，它有利于推动国民经济改革和国家重建计划，包括部分领域的私有化和一系列的财政改革。

国际货币基金组织的支持措施，客观上有助于萨尔瓦多减少通胀、增加出口。然而，受到米奇飓风的影响，良好的经济增长势头止于1998年。米奇飓风毁掉了庄稼，并严重影响了萨尔瓦多的基础设施。在2000年底，尽管萨尔瓦多延续的仍然是中美洲发展中国家的传统经济结构，但是它仍然迈入了中等收入国家的行列。然而，2001年1月的强烈地震（7.8级）摧毁了萨尔瓦多大部分地区，造成了1000多人伤亡，影响了萨尔瓦多的经济增长。

1. 20世纪70年代

1970年，萨尔瓦多国内生产总值（名义）为3.38亿美元。到1979年，国内生产总值达到11.32亿美元（见图4-1）。在这十年间，萨尔瓦多经济增长了234.9%。

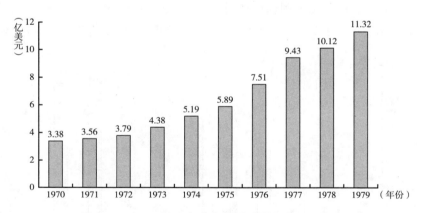

图4-1 1970~1979年萨尔瓦多国内生产总值情况

资料来源：国际货币基金组织。

2. 20世纪80年代

1980年，萨尔瓦多国内生产总值（名义）为38.99亿美元，1989年该国的国内生产总值降至31.57亿美元（见图4-2），下降了19%。

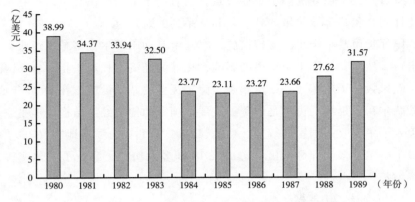

图 4-2　1980~1989 年萨尔瓦多国内生产总值情况

资料来源：国际货币基金组织。

3. 20 世纪 90 年代

1990 年，萨尔瓦多国内生产总值（名义）为 48.01 亿美元，1999 年该国的国内生产总值达到 124.65 亿美元（见图 4-3），增长了 160%。

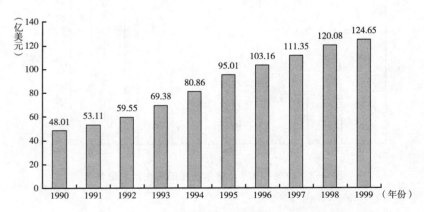

图 4-3　1990~1999 年萨尔瓦多国内生产总值情况

资料来源：国际货币基金组织。

4. 21 世纪以来

2000 年，萨尔瓦多国内生产总值（名义）为 131.34 亿美元，2009 年该国的国内生产总值达到 206.61 亿美元（见图 4-4），增长了 57.3%。

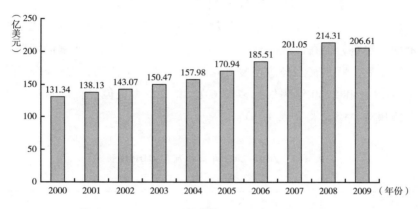

图 4-4 2000~2009 年萨尔瓦多国内生产总值情况

资料来源：国际货币基金组织。

2010 年，萨尔瓦多国内生产总值（名义）为 214.18 亿美元，2015 年该国的国内生产总值达到 257.66 亿美元，增长了 20.3%。

2011 年，在拉丁美洲国家中，特立尼达和多巴哥（244.10 亿美元）、玻利维亚（241.35 亿美元）和巴拉圭（233.43 亿美元）的国内生产总值超过了萨尔瓦多。

2015 年，由于特立尼达和多巴哥（245.53 亿美元）名义国内生产总值的下降，萨尔瓦多在拉丁美洲国家中的经济排名提升了一个位次。

2017 年萨尔瓦多的经济增速为 2.2%，人均 GDP 接近 4000 美元。主要归因于种植业、畜牧业、林业、渔业、制造业、矿业、商业和旅游业，它们为 GDP 的增长做出了 2/3 的贡献。此外，大量海外劳工的侨汇，改善了国家经常项目的收支平衡。2018 年萨尔瓦多的侨汇总额为 54 亿美元，相当于当年 GDP 总量的 21.3%。萨尔瓦多经常项目的赤字由 2016 年的 2.1%，下降至 2017 年的 2.0%，从而减轻了 2017 年贸易赤字（48 亿

美元）的压力。2017 年，萨尔瓦多经济增长率低于 2015~2016 年的增速，在中美洲国家中属于经济增长速度较低的国家之一。2018 年和 2019 年，萨尔瓦多的经济增速均为 2.4%。2020 年，受新冠疫情和飓风影响，萨尔瓦多经济增长率为 -8.6%，2021 年增长率为 10.3%。

从世界银行的统计数据看，萨尔瓦多的经济从 20 世纪 60 年代中期之后呈增长趋势，但在内战时期（1979~1992 年），出现了严重的动荡。全国和解之后，萨尔瓦多经济恢复性增长出现了一个高潮，之后相对平稳。除了 2009 年和 2020 年萨尔瓦多的 GDP 增长率为负值外，萨尔瓦多的经济保持相对平稳发展（表 4-1）。

表 4-1 2010~2021 年萨尔瓦多 GDP 增长率

单位：%

年份	GDP 增长率	年份	GDP 增长率
2010	2.1	2016	2.5
2011	3.8	2017	2.2
2012	2.8	2018	2.4
2013	2.2	2019	2.4
2014	1.7	2020	-8.6
2015	2.4	2021	10.3

资料来源：世界银行网站，https：//data. worldbank. org. cn/indicator/NY. GDP. MKTP. KD. ZG? end = 2020&locations =SV&start = 1966&view =chart。

按照世界银行的统计数据（见表 4-2），萨尔瓦多的经济结构还是非常合理的。2019 年，服务业占 GDP 的近 60%，工业占 GDP 的 1/4 强，农业只占 5%。尽管如此，萨尔瓦多的农业在经济中的作用还是非常重要的。萨尔瓦多工业基础薄弱。加上近年来受国际金融危机影响，国际环境和市场都不稳定，萨尔瓦多的经济增长缓慢。工业也受到牵连，2010~2019 年，萨尔瓦多的工业在 GDP 中的比重仅提高了 1 个百分点。而农业在生产多样性、支持工业发展和增加就业等方面都发挥了重要作用。

表 4-2 萨尔瓦多 GDP 结构变化（2010 年、2019 年）

GDP (十亿美元)		农业占 GDP 的比重(%)		工业占 GDP 的比重(%)		服务业占 GDP 的比重(%)	
2010	2019	2010	2019	2010	2019	2010	2019
18.4	27.0	7	5	25	26	59.5	59.9

资料来源：World Development Indicators：Structure of Output，http：//wdi. worldbank. org/table/ 4. 2#。

与此同时，随着萨尔瓦多社会的发展，人均 GDP 水平也不断提高。但是在 20 世纪 90 年代初国内达成和解之前，萨尔瓦多的人均 GDP 增长缓慢。之后，人均 GDP 明显增加。1960 年，萨尔瓦多的人均 GDP 水平非常低，仅为 226 美元。1970 年人均 GDP 增加到 308 美元；70 年代中后期，萨尔瓦多的经济持续较快发展，1980 年人均 GDP 提高到 827 美元。在内战时期，萨尔瓦多经济发展受到严重影响，在整个 80 年代，萨尔瓦多的人均 GDP 都低于 1980 年的水平，最低时几乎比 1980 年的人均 GDP 降低了一半。1990 年人均 GDP 仅为 914 美元。2000 年，由于经济恢复和发展，人均 GDP 达到了 2002 美元；2010 年又增加到 2983 美元；2017 年为 3910 美元。2020 年，受新冠疫情影响，人均 GDP 较上年下降 9.1%。2021 年，萨尔瓦多人均 GDP 实现快速增长，达 4409 美元，较上年增长 16.4%（见表 4-3）。

表 4-3 1960~2021 年部分年份萨尔瓦多人均 GDP 情况

单位：美元，%

年份	人均 GDP	人均 GDP 年增长率
1960	226	—
1965	274	3.7
1970	308	5.1
1975	453	10.5
1980	827	7.7
1985	472	-3.5

续表

年份	人均GDP	人均GDP年增长率
1990	914	49.5
1995	1585	14.8
2000	2002	3.7
2005	2429	6.6
2010	2983	4.4
2011	3266	9.5
2012	3428	5.0
2013	3510	2.4
2014	3589	2.3
2015	3706	3.3
2016	3806	2.7
2017	3910	2.7
2018	4053	3.7
2019	4165	2.8
2020	3787	-9.1
2021	4409	16.4

资料来源：El Salvador GDP—Gross Domestic Product，https：//countryeconomy.com/gdp/el-salvador。

三 国家经济发展规划

1. 萨尔瓦多国家经济发展规划

《2014~2019年萨尔瓦多五年发展规划》［Government of El Salvador：the Five-Year Development Plan（2014-2019）］是国家综合发展纲要，总的发展目标是建设繁荣、公平、包容、团结和民主的国家，确保每个公民享受幸福生活。强调通过农业的综合发展，为国家的经济发展和人民生活的改善提供动力。

2. 萨尔瓦多国家战略规划

《萨尔瓦多国家战略规划（2017~2021年）》［El Salvador Country Strategic Plan（2017-2021）］于2017年4月1日开始实施，至2021年12

月 31 日结束。该战略规划由萨尔瓦多政府与联合国世界粮食计划署（WFP）合作，联合国世界粮食计划署援助总资金达 8881.16 万美元。

在实施《萨尔瓦多国家战略规划（2017～2021 年）》之前的 5 年里，萨尔瓦多的经济发展相对平稳，基本实现了国家发展和人民生活水平提高的目标。在此基础上，该战略规划的主要目标仍然是在发展经济的同时提高民众的生活水平和生产能力，并为他们的生活提供更有效的保障：

（1）向特别困难的家庭提供有效的帮助；

（2）为食品不足的小农户及社区持续提供帮助，提高他们的生产效率和收入；

（3）提高食品严重不足地区的人群和社区应对气候变化的能力；

（4）每年向受到自然灾害影响的人群提供食品帮助；

（5）国家和地方机构实施营养政策，提高人民应对食品安全的能力。

为了配合上述重要的国家战略规划实施，萨尔瓦多政府除了与联合国世界粮食计划署合作，解决食品安全和营养问题；还努力提高社会保障系统的作用，通过相关食品项目帮助小农户。此外，在《萨尔瓦多国家战略规划（2017～2021 年）》与《2013～2016 年国家粮食安全和营养计划》［the National Plan for Food Security and Nutrition（2013-2016）］、《2014～2019 年国家发展、安全和社会包容计划》［the National Plan for Development, Protection and Social Inclusion（2014-2019）］的实施过程中，各部门相互协调，共同解决粮食安全和营养问题。同时，《萨尔瓦多社会安全计划》（the Secure El Salvador Plan）和《国家应对气候变化计划》（the National Climate Change Plan）在防止暴力、消除贫困和减轻自然灾害影响等方面与国家战略规划相互促进。

2017 年以来，萨尔瓦多食品安全问题有所缓解，在消除慢性营养不良、贫困和不平等方面也取得了巨大成就。可是食品不足、自然灾害、性别歧视、经济增长缓慢、公共债务庞大和高凶杀率仍然是制约其发展的严峻问题。这些计划从基本服务和食品生产入手提供社会保障措施，改善粮

食和营养问题。

上述战略目标的提出不仅有助于增强政府的政策实施能力，也符合联合国世界粮食计划署将直接的粮食援助转变为政策建议与能力建设的趋势。同时，也符合萨尔瓦多的国家经济发展计划，即在联合国援助下，通过经济发展和项目开发实现相关社会发展的目标。

第二节 农业

一 农业概况

萨尔瓦多的农业行政管理历史悠久。1911年3月1日，萨尔瓦多政府发布公报，成立了主管部门"农业秘书处"；1946年正式成立了农业和工业部，后改为农业和牧业部。

20世纪60~70年代，农业在萨尔瓦多国民经济中的占比在40%左右。1977年农业产值在当年GDP中占43%，创下了最高纪录，之后一直下降，尤其是在80年代至90年代，降至10%以下。2016年，农业产值在萨尔瓦多GDP中占6%，产值为27亿美元。2020年其在GDP中的占比为5.1%。① 农业为萨尔瓦多的出口做出了贡献。传统的农业以种植经济作物和粮食作物为主。大庄园中主要种植出口作物，基本上是咖啡、棉花和玉米；而一些小庄园面积较小，不足以形成有效经济规模。农民家庭则种植玉米、水稻、小麦、豆类等作物。

20世纪60年代初，萨尔瓦多农业用地占国家土地面积的60%左右。2016年，萨尔瓦多农业用地占国家土地面积的71.0%，2018年为71.4%（见表4-4）。农业人口占全国人口的比重从1960年61.2%下降到2017年的28.7%，但农业仍然是提供就业的重要部门。

---

① 世界银行网站，https://data.worldbank.org.cn/indicator/NV.AGR.TOTL.ZS? view = chart& locations = SV。

表 4-4 1961~2020 年部分年份萨尔瓦多农业用地占全国土地面积的比重

单位：%

年份	农业用地占全国土地面积的比重
1961	60.0
1970	59.2
1980	68.1
1990	65.3
2000	67.5
2010	69.6
2016	71.0
2018	71.4
2020	57.7

资料来源：El Salvador—Agricultural Land as a Share of Land Area，https：//knoema.com/atlas/El-Salvador/Agricultural-land-as-a-share-of-land-area。

萨尔瓦多拥有大面积的草原和牧场，畜牧业在国家经济中的地位仅次于种植业。目前畜牧业中，牛的存栏量规模最大，其次为猪和羊。而第一产业最大的利润增长主要来自渔业的快速发展，这得益于美洲开发银行稳定的商业资助。萨尔瓦多渔业中，贝类养殖以出口为主。

二 农业部门

1. 种植业

萨尔瓦多的种植业是最为传统的产业，为萨尔瓦多国家的发展奠定了基础。今天，种植业依然十分重要，种植业直接关系到萨尔瓦多国民的日常生活，是萨尔瓦多的国家命脉产业。

基于气候和地理位置的原因，萨尔瓦多种植的农作物品种较多，但是目前以咖啡、玉米、稻米、甘蔗和棉花等作物为主。

（1）咖啡

咖啡在 18 世纪中期由加勒比地区引入萨尔瓦多。刚引入时，咖啡仅作为花园植物，并未被纳入农业作物。后因萨尔瓦多主要产品靛蓝逐渐被人

工合成染料代替，萨尔瓦多开始寻求替代靛蓝的产业。恰好萨尔瓦多的环境和气候适宜咖啡的生长，咖啡随之成为其重要经济作物，得以发展，并在萨尔瓦多经济中逐渐占据十分重要的地位。

19世纪以来，咖啡种植因利润高昂而成为政府重点扶植的产业，咖啡成为国家的重要出口产品。咖啡行业受到垄断寡头的控制，随着土地改革，多数咖啡种植园被集中在少数土地所有者手中。19世纪中叶，咖啡的国际需求增加，萨尔瓦多开始鼓励种植咖啡用来出口，萨尔瓦多政府用降税或免税、免服兵役等优惠措施，刺激咖啡的生产。1880~1914年，萨尔瓦多的咖啡出口收入增长了1100%。由于国内政治动荡，萨尔瓦多咖啡种植受到了严重打击。萨尔瓦多独特的绿咖啡产量从1979年的17.5万吨，减少到1986年的14.1万吨，下降了19%。直接原因是国家对咖啡的投资因内战而锐减。国内恢复和平之后，萨尔瓦多的咖啡需要重新通过竞争来开拓国际市场，咖啡价格疲软。然而，在几乎没有国外的技术和资本投入的情况下，萨尔瓦多的咖啡生产逐渐形成规模，成为世界上咖啡的主要产地，出现了大的咖啡庄园。咖啡生产对萨尔瓦多的影响巨大，许多社会基础设施如公路和铁路得以修建。咖啡种植和生产过程提高了农村人口参与国家经济的积极性，国家贫富分化问题得到一定程度的缓解。此外，种植咖啡的收益，不仅使咖啡生产商有能力扩大再生产，还客观促进了咖啡生产和加工产业的发展。

2000年以来，全球咖啡收购价格下跌，萨尔瓦多咖啡生产呈下降趋势，7万多人失业。2001年产量下降最多，较上年下降34%。咖啡生产过于集中还造成了一些环境问题和使用童工等社会问题。萨尔瓦多重视咖啡质量，在出口需求导向下，咖啡豆及咖啡类产品以中高端产品为主，70%的产品是优质品，价格远高于普通咖啡产品。

据萨尔瓦多农业和牧业部数据，该国咖啡产量在2018~2019年收成季欠佳，没有达到政府提出的100万公担产量目标，约为98.9万公担。萨尔瓦多咖啡协会统计数据表明，2011年萨尔瓦多的咖啡产量超过了260万公担，之后产量持续下降，2013年叶锈病的大规模发生，严重影响了咖啡种植业发展，2013~2014年收成季后，咖啡产量从未突破100万公担。萨尔瓦多政府也尝试通过多种方法改善咖啡种植业，提高咖啡产量。
2016 年，农业和牧业部向小农户分发咖啡株，重振该国咖啡行业。2017
年，萨尔瓦多政府签署一项协议，在未来 8 年内投资 1 亿美元，用以对
70000 公顷咖啡种植土地进行翻新。同时，萨尔瓦多政府还采取了相关措
施，包括增加投入和寻求国际合作。[①]近年来，萨尔瓦多咖啡产量出现了下
降。2016~2019 年，萨尔瓦多咖啡年产量分别为 38636 吨、41141 吨、45660
吨、39600 吨。

　　萨尔瓦多地处火山活跃地区，很多山地和丘陵地带富含矿物质火山
灰，适宜咖啡种植。萨尔瓦多历史上曾是第四大咖啡生产国，如今却陷入
困境（咖啡种植面积及产量变化见表 4-5）。自然灾害、品种更新、产业
资金投入以及政府政策是制约萨尔瓦多咖啡业发展的重要因素。拉美经委
会数据显示，2019~2020 年，由于持续降水，萨尔瓦多咖啡业出现 15%~
20%的产量下降。2020 年，两次连续的飓风袭击使包括萨尔瓦多在内的
中美洲咖啡产区遭受了较大损失，咖啡产量在 2020~2021 年度减产
约 14%。

表 4-5　1961~2020 年部分年份萨尔瓦多咖啡种植面积和产量

年份	1961	1970	1980	1990	2000	2010	2020
面积（公顷）	126300	120000	185000	173000	162190	152340	14000
产量（吨）	122500	129490	184230	147200	114087	112636	35000

资料来源：联合国粮农组织网站，http://www.fao.org/faostat/zh/#data/QCL。

　　萨尔瓦多咖啡产区有 8 个，其中 6 个是精品咖啡产区。6 个精品咖啡
产区大致分布在火山灰覆盖的高原地区，每年 11 月到次年 4 月为咖啡采
收季节。

---

① 《最新收成季萨尔瓦多咖啡产量仍未突破 100 万公担》，中国国际贸易促进委员会驻哥斯
　　达黎加代表处，2019 年 3 月 6 日，http://www.ccpit.org/Contents/Channel_ 3983/2019/
　　0306/1135335/content_ 1135335.htm。

查拉特南戈（Chalatenango）位于萨尔瓦多中北部，土壤肥沃，非常适合咖啡的生长。此产区大多数咖啡是极硬豆（SHB，指生长在海拔1400米以上地区的咖啡豆）。

圣安娜（Santa Ana）是萨尔瓦多优质的咖啡产区，这里气候适宜，火山土肥沃。

特卡帕-奇纳梅卡山区（Tecapa-Chinameca）位于圣米格尔省和乌苏卢坦省。这里生产的咖啡口感多样、醇厚。

卡卡瓦提盖山区（Cacahuatique）地处圣米格尔省与莫拉桑省间。该产区咖啡风味独特，口感极佳。

阿洛特佩克-梅塔潘山区（Alotepec-Metapan）位于萨尔瓦多北部，与洪都拉斯边境交界处。

巴尔萨摩-盖萨尔特派克山区（El Balsamo-Quezaltepec）位于萨尔瓦多拉利伯塔德省、圣萨尔瓦多省和拉巴斯省。此产区的咖啡浓度绝佳。

萨尔瓦多咖啡等级是以咖啡豆产地海拔为标准的。海拔达到1200~1400米的为 SHG 级（高地豆），海拔 500~900 米的为 CS 级（低地豆）。萨尔瓦多 6 个精品咖啡产区中，查拉特南戈和圣安娜产区最为著名。

（2）玉米

中美洲是玉米的发源地，至今玉米在萨尔瓦多人的生活中仍具有重要的地位。现在玉米是萨尔瓦多最主要的农作物，玉米产量超过其他粮食作物产量的总和。萨尔瓦多还有专门以玉米为食材的饮食节。

2017 年，萨尔瓦多玉米收割面积约为 30 万公顷（见图 4-5）。1961年，萨尔瓦多的玉米收割面积只有 19 万公顷，产量 17.63 万吨。进入 21世纪之后，萨尔瓦多的玉米产量有所增长，2012 年玉米产量达到 92.6 万吨，2016 年达到 92.35 万吨（见图 4-6）。

（3）稻米

稻米不是萨尔瓦多的当地农作物，而是由西班牙人引入的，现在已经成为萨尔瓦多的重要作物。20 世纪 60 年代至 80 年代，萨尔瓦多稻米生产一直在扩大。90 年代以后，稻米种植面积和产量有所下降。2017 年萨

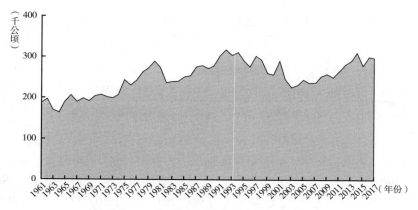

图 4-5 1961~2017 年萨尔瓦多玉米收割面积

资料来源：http：//www. factfish. com/zh/统计-国家/萨尔瓦多/玉米%2C%20 总数%2C%20%20 收割面积。

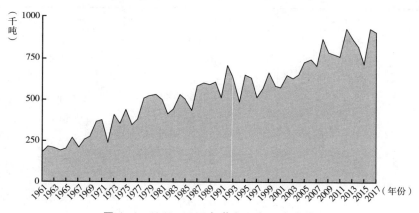

图 4-6 1961~2017 年萨尔瓦多玉米产量

资料来源：http：//www. factfish. com/zh/统计-国家/萨尔瓦多/玉米%2C%20 总数%2C%20%20 产量。

尔瓦多的稻米产量仅为 2.6 万吨。进入 21 世纪以来，萨尔瓦多稻米生产一直在低水平波动。2017 年稻米种植面积为 3785 公顷。2019 年，萨尔瓦多的稻米种植面积有所回升，达到了 5456 公顷，产量为 3.5 万吨，但 2021 年又有所下降（见表 4-6）。

表 4-6　1961~2021 年部分年份萨尔瓦多稻米种植面积和总产量

年份	1961	1970	1980	1990	2000	2010	2019	2021
面积(公顷)	8888	11900	16783	14257	8155	4916	5456	3303
产量(吨)	17882	44231	60720	61691	47204	33479	35000	24000

资料来源：联合国粮农组织网站，http：//www.fao.org/faostat/zh/#data/QCL。

（4）甘蔗

1961 年以来，萨尔瓦多甘蔗产量尽管出现过反复，但一直处于增长态势。2006 年甘蔗产量为 487.8 万吨，2017 年为 707.86 万吨。其中，2020 年的甘蔗产量最高，达到 750.9 万吨（见表 4-7）。

表 4-7　2006~2021 年萨尔瓦多甘蔗产量

年份	甘蔗产量(吨)	同比变化(%)
2006	4878039	—
2007	4956477	1.61
2008	5249939	5.92
2009	5736063	9.26
2010	5126693	-10.62
2011	5832008	13.76
2012	6487423	11.24
2013	7162995	10.41
2014	6782795	-5.31
2015	6578486	-3.01
2016	7202141	9.48
2017	7078586	-1.72
2018	7065273	-0.19
2019	7177803	1.59
2020	7508773	4.6
2021	7507799	-0.01

资料来源：https：//cn.knoema.com/atlas/萨尔瓦多/topics/农业/农作物生产产量公吨/甘蔗。

萨尔瓦多生产的甘蔗主要用于制糖，满足国内消费和对外出口。萨尔瓦多的蔗糖主要出口到美国、墨西哥、韩国、中国等国家。

（5）棉花

萨尔瓦多棉花的大量生产始于第二次世界大战以后，一是技术和设备的改进，使得海岸低地可以种植棉花；二是二战后棉花供应紧张。20 世纪 50 年代，萨尔瓦多的棉花产量迅速增加。棉花生产的景气一直延续至 70 年代，棉花成为国家最重要的出口产品之一，给萨尔瓦多带来了可观的收入。然而，内战期间，棉花生产受到严重影响。1979 年，萨尔瓦多棉花出口值为 8700 万美元，1983 年降为 5600 万美元，1987 年仅有 230 万美元。东部的许多棉田被荒弃，或者转种其他作物。继续种植棉花的地方也因为投资不足而减产。棉花种植面积从 1979 年的 8.2 万公顷降到 1986 年的 2.7 万公顷，减少近 70%。籽棉的产量也从 1979 年的 16.9 万吨降到 1986 年的 5.5 万吨。[①]

20 世纪 90 年代，萨尔瓦多的棉花生产更是低迷，进入 21 世纪以来也没有改善。2017 年，籽棉产量仅有 110 万吨。2006～2019 年，将近一半年份的籽棉产量不足 100 万吨，最高产量也没有超过 1000 万吨（见表 4-8）。棉花在萨尔瓦多农业和经济中的重要地位已成历史。

表 4-8　2006～2021 年萨尔瓦多籽棉产量和变化

年份	籽棉产量（万吨）	同期变化（%）
2006	837	—
2007	47	-94.38
2008	159	238.30
2009	68	-57.23
2010	165	142.65
2011	479	190.30

① El Salvador, http：//reference. allrefer. com/country-guide-study/el-salvador/el-salvador68. html.

续表

年份	籽棉产量(万吨)	同期变化(%)
2012	736	53.65
2013	145	-80.30
2014	89	-38.62
2015	12	-86.52
2016	58	383.33
2017	110	89.66
2018	110	0.00
2019	218	98.18
2020	19	-91.28
2021	154	710.53

资料来源：The Seed Cotton Production in El Salvador, https：//knoema. com/data/el-salvador+seed-cotton+production。

2. 渔业

（1）概况

萨尔瓦多是濒海国家，水产资源丰富，水产品的生产和消费均持续旺盛。

萨尔瓦多渔业中，捕虾业发展较快、现代化程度高，地位重要。20世纪60～70年代，萨尔瓦多捕虾业年产量仅有3000～4000吨。但到了80年代，由于水产养殖业的发展，渔业产量年平均在5000吨以上。

萨尔瓦多拥有约8.8万平方千米的专属经济区，但海洋渔业在国民经济和创造就业中的重要性有限。淡水渔业活动和水产养殖对其社会发展和港口贸易结构影响日增。由于金枪鱼产业和延绳钓渔业的快速发展，萨尔瓦多主要港口贸易额和贸易规模一直呈上升趋势。目前，萨尔瓦多金枪鱼船队有9艘延绳钓船和4艘围网渔船，它们在太平洋捕捞金枪鱼。金枪鱼肉在萨尔瓦多出口中占主导地位，主要出口到欧洲。

萨尔瓦多尚未批准1982年《联合国海洋法公约》。萨尔瓦多加入了

下列区域渔业组织：中美洲渔业和水产养殖组织（OSPESCA）、拉丁美洲和加勒比内陆渔业和水产养殖委员会（COPESCAALC）、美洲热带金枪鱼委员会（IATTC）、国际大西洋金枪鱼保护委员会（ICCAT）、拉丁美洲渔业发展组织（OLDEPESCA）。

（2）捕鱼业和水产养殖业

2019 年，萨尔瓦多捕鱼量为 49768 吨，水产养殖量为 8680 吨。1960~2016 年，萨尔瓦多年平均捕鱼量为 12179 吨。其中，年捕鱼量最高的是 2014 年的 63211 吨，最低的是 1977 年的 6368 吨。[1] 2017 年，萨尔瓦多的捕鱼量为 51280 吨。[2] 近年来，萨尔瓦多渔业养殖产量及渔业捕捞方面均呈现稳定态势（见表 4-9）。

表 4-9　2010~2019 年萨尔瓦多渔业养殖产量和捕捞量

单位：吨

年份	养殖产量	捕捞量
2010	4499	39583
2011	4883	54281
2012	5322	49414
2013	3278	51723
2014	1663	63211
2015	6742	50441
2016	7955	54084
2017	8300	51280
2018	8600	53714
2019	8680	49768

资料来源：Fishery and Aquaculture Country Profiles—The Republic of El Salvador, http：// www. fao. org/fishery/facp/SLV/en#CountrySector-Statistics。

① CEIC, El Salvador Agricultural Production and Consumption, https：//www. ceicdata. com/ en/el-salvador/agricultural-production-and-consumption.

② Fishery and Aquaculture Country Profiles—The Republic of El Salvador, http：//www. fao. org/ fishery/facp/SLV/en#CountrySector-Statistics/.

　　萨尔瓦多淡水养殖业始于 20 世纪 60 年代初，主要得益于国际组织的项目支持。当时联合国粮农组织对包括萨尔瓦多在内的多个拉美国家提供了援助性项目，项目旨在促进受援国农业产业的多样化发展。海水养殖业开始于 20 世纪 80 年代。萨尔瓦多为了发展水产养殖业，进行了品种引进和本土品种规模化养殖。萨尔瓦多先后引进的品种有罗非鱼、中国鲤科鱼类（如草鱼、鲢鱼、鲤鱼等）。此外还引进了淡水石斑鱼、太平洋牡蛎和观赏鱼类等品种的养殖技术。养殖的本土品种有南美白对虾等，南美白对虾为海水养殖品种。

　　1984 年，萨尔瓦多的水产养殖产量仅为 10 吨。此后，萨尔瓦多的水产品产量一直保持增长。2000 年，萨尔瓦多农业和牧业部为进一步推动国家渔业发展，制定了水产养殖政策，确立了以下行动：改革渔业领域经营机制；提高生产效率和发展商业化的渔业和水产养殖；促进渔业和水产养殖产品的国内消费；促进养殖新品种和技术的创新；建立渔业担保基金。[①]

　　2016 年，萨尔瓦多水产养殖业产量是 7955 吨，萨尔瓦多的水产养殖业一直非常活跃。2019 年，萨尔瓦多的水产养殖产量又创新高，达到8680 吨。[②]

　　萨尔瓦多的水产养殖方式主要有三种，分别为粗养、半精养和精养。其中粗养的主要养殖特点是放养密度低、对水质进行有效管理或控制。全国共有 26 个养殖罗非鱼的水库以及 25 个海虾的养殖单位采取了粗养管理模式。其优势在于对技术要求低，前期投入少，产品的人工干预少；缺点在于单位面积产量低。第二类模式为半精养，相较粗养，提高养殖密度和饲料的营养，主要用于养殖罗非鱼和两类对虾（海水和淡水）。第三类为精养，少数养殖场采用这种模式养殖罗非鱼和海虾，使用增氧机维持高养殖量，放养密度大幅度提高。这种养殖方式为工厂化规模，进行有附加值的产品加工，并进入专门市场。该模式还包括网箱养殖，但由于技术要求

---

① Fishery and Aquaculture Country Profiles—The Republic of El Salvador，http：//www.fao.org/fishery/facp/SLV/en#CountrySector-Statistics。

② Fishery and Aquaculture Country Profiles—The Republic of El Salvador，http：//www.fao.org/fishery/facp/SLV/en#CountrySector-Statistics。

更高，采用该方式的养殖场较少。总的来说，萨尔瓦多养殖业仍处于发展期，技术使用与资本投入有限。

（3）渔业市场和贸易

在萨尔瓦多，一般由批发商将渔业产品从养殖场和渔业码头运到销售点。产品主要通过批发市场销售给不同市场的零售商。零售市场销售的产品以新鲜的整鱼为主。加工的鱼和对虾，多通过超市等渠道销售和分销。

萨尔瓦多渔业出口的水产养殖产品主要为罗非鱼和对虾。新鲜罗非鱼主要出口到危地马拉，罗非鱼鱼片主要出口到美国。养殖对虾主要出口到中国。

萨尔瓦多渔业贸易自 1980 年以来一直是出口远大于进口，成为农业经济发展的亮点。1980 年，萨尔瓦多渔业出口值为 1731.9 万美元，2007年萨尔瓦多的渔业出口首次突破 1 亿美元，2013 年渔业出口值超过了 1.2亿美元，2016 年为 9896.9 万美元，2018 年为 1.04 亿美元。2018 年萨尔瓦多渔业进口值为 4395.7 万美元，远低于 2009 年的高峰值 7703.9 万美元（见表 4-10）。

表 4-10 2008～2018 年萨尔瓦多渔业进出口值

单位：千美元

年份	出口值	进口值
2008	119666	29429
2009	94161	77039
2010	77898	42748
2011	79147	31699
2012	107116	44500
2013	120072	61945
2014	108916	50931
2015	87101	37518
2016	98969	40557
2017	114704	55036
2018	103660	43957

资料来源：Fishery and Aquaculture Country Profiles—The Republic of El Salvador, http：// www. fao. org/fishery/facp/SLV/en#CountrySector-Statistics。

（4）渔业管理

萨尔瓦多负责渔业管理的机构是渔业和水产养殖发展中心，隶属农业和牧业部。具体职责是开展水产养殖的研究和监测、登记所有水产养殖单位、发放水产养殖许可、批准水产养殖引进新品种以及对不履行《渔业和水产养殖管理与促进总法》的行为进行处罚。渔业和水产养殖发展中心有两个职能：养殖技术发明和技术转化以及促进和推广新的养殖技术。渔业和水产养殖发展中心下设 4 个水产养殖站。

此外，萨尔瓦多还成立了几个水产养殖私人生产者的联合体。渔业和水产养殖理事会成员包括全国的捕捞和水产养殖公司，该理事会与渔业和水产养殖发展中心保持着密切的联系。另外，还有由罗非鱼生产者组成的阿蒂卡亚水产养殖协会。在海虾养殖方面，海产品生产加工和供销商合作社地位重要，该组织由 20 个各领域的经营者组成，推进对外合作项目，为成员提供生产技术升级服务。

萨尔瓦多与水产养殖有关的现行法律如下。

《渔业和水产养殖管理与促进总法》：由渔业和水产养殖发展中心执行，该法明确了渔业及水产养殖的相关概念、从事水产养殖的程序以及从事该项活动的义务、责任和权利。渔业和水产养殖发展中心主任拥有监督该法实施的权力。该法属于行政法范畴。

《环境法》：在刑法范畴内适用，对生产单位的环境进行规范。该法由环境和自然资源部实施。

《自然保护区法》：规范与水产养殖相关的租赁区域，包括从法律上考虑对相关环境和国家遗产区域的保护。

《动植物卫生法》：规定了水产养殖产品进出口的程序和授权。卫生法律由公共卫生部执行。此外，动植物卫生总局检疫处（农业和牧业部）对产品进行认证。认证条例由国家科技理事会（CONACYT）批准。

萨尔瓦多渔业发展的同时，国内渔业消费相对长期低迷，从 20 世纪 80 年代到 21 世纪初，萨尔瓦多鱼产品的人均年消费量始终在 5 公斤以下，很多年份人均年消费水平为 2~3 公斤。进入 21 世纪以来，萨尔瓦多的鱼产品消费才有所发展，人均年消费量平均提高了一倍左右。但是国内消费依然处于较低水平，不仅远低于世界的平均水平，也与萨尔瓦多的渔业发展趋势不同步。2013 年，世界人均年消费鱼产品为 19.8 公斤，而萨尔瓦多仅为 6.8 公斤。[①]

由于萨尔瓦多传统农业的观点十分牢固，渔业作为新兴的农业的重要组成部分，还没有得到完全的认同。

3. 林业

萨尔瓦多位于热带，适合林木的生长。在社会经济发展过程中，萨尔瓦多森林遭到严重破坏。同时，由于人口密度高以及早期种植咖啡，萨尔瓦多的森林资源减少过快，现在大部分处于被保护状态。因此，萨尔瓦多国内大部分所需要的木材来自进口。除了拥有和其他拉丁美洲国家相同的树种之外，萨尔瓦多也有一些特别的品种。香脂树数量较多，萨尔瓦多是香脂树胶最主要的供应商之一。

从 20 世纪 90 年代初萨尔瓦多国内实现和平以来，森林覆盖率在经济发展的同时逐渐下降，从 1990 年的 34.7%，降至 2020 年的 28.2%。近10 年来，萨尔瓦多的森林覆盖率有所下降（见表 4-11）。

表 4-11 1990~2020 年部分年份萨尔瓦多森林覆盖率

单位：%

年份	森林覆盖率	年份	森林覆盖率
1990	34.7	2014	29.5
2000	32.5	2015	29.3
2005	31.4	2016	29.1
2010	30.4	2017	28.8
2011	30.1	2018	28.6
2012	29.9	2019	28.4
2013	29.7	2020	28.2

资料来源：https：//data. worldbank. org. cn/indicator/AG. LND. FRST. ZS？view = chart& locations = SV。

---

① Fishery and Aquaculture Country Profiles—The Republic of El Salvador，http：//www. fao. org/ fishery/facp/SLV/en#CountrySector-Statistics.

萨尔瓦多的森林面积从 1990 年开始不断减少（见表 4-12）。1990年，森林面积为 71.9 万公顷，2000 年跌至 67.4 万公顷，2010 年又降为62.9 万公顷，2019 年跌至历史新低的 58.8 万公顷。

表 4-12　1990~2019 年萨尔瓦多森林情况

单位：千公顷

年份	1990	2000	2010	2018	2019
森林面积	719	674	629	593	588
自然林	709	661	614	576	571
人工林	10	13	15	17	17

资料来源：Land Use，http：//www.fao.org/faostat/en/#data/RL。

萨尔瓦多的森林主要以自然林为主，近年来自然林的面积不断减少。人工林增长缓慢，人工林从 1990 年的 1 万公顷，增至 2019 年的 1.7 万公顷。

萨尔瓦多原来是森林茂密的国家，但种植咖啡破坏了中部高地区域的森林；而北部的山区林地在 20 世纪中期农牧业发展过程中也受到破坏；沿海地区的森林则在种植甘蔗和棉花的过程中减少。90 年代，一些牧场重新变为林地。农业耕种用地从占全国土地面积的 31.6% 下降到 27.7%。然而，2008 年又增长到 29.7%，牧业用地也在增加。实际结果还是森林总面积在缩小。① 造成这种结果的主要原因包括自然灾害、经济发展、土地改革、政府政策等。

森林覆盖率的总体下降，导致萨尔瓦多生态系统和动物栖息地被破坏、环境污染、外来物种入侵、气候变化等，另外也导致移民、贪污腐败和政治冲突等相关问题的出现。

① Bruce S. Kernan & Francisco Serrano, Report on Biodiversity and Tropical Forest in El Salvador, p. 10, USAID, March 2010.

第三节 工 业

一 工业概况

自 20 世纪中期，萨尔瓦多根据"进口替代"战略大力推动工业化进程，也就是用本国产品替代进口产品。尽管存在国内市场的限制及原材料和技术的缺乏，但是最初的结果极为显著。

萨尔瓦多工业实现规模发展是在 20 世纪 60 年代，通过进口原材料进行加工生产。1963 年，西南沿海城市阿卡胡特拉建立了炼油厂，进口委内瑞拉的原油进行提炼加工，主要用于本国消费。70 年代，萨尔瓦多工业发展中贡献最突出的是化工产业和纺织业。70 年代末，中美洲共同市场的建立更为萨尔瓦多的工业化提供了便利。80 年代的内战阻碍了工业的发展。90 年代初，萨尔瓦多国内实现了和平，经济开始复苏，建筑业和制造业齐头并进，推动了萨尔瓦多社会的繁荣发展。很快萨尔瓦多成为中美洲工业化水平最高、经济发展最出色的国家。同时，在 90 年代，萨尔瓦多的工业化逐步转向"出口导向"型，萨尔瓦多的制造业在发展过程中转型。

萨尔瓦多的工业总体持续增长。在工业化初期的 20 世纪 60 年代中后期至 70 年代中后期，工业化水平迅速提高，1978 年的工业产值达到 45 亿美元（不变价格），出现了首次工业发展高峰。80 年代和 90 年代初，萨尔瓦多工业处于衰退和低速发展阶段。从 90 年代初开始了新一轮稳定的高速发展，除受经济危机的短暂影响以外，其他多数时间发展速度较快。2019 年，萨尔瓦多的工业产值达到了 58 亿美元（不变价格），再创纪录。2020 年由于飓风和新冠疫情的影响，出现了 2 位数的负增长（见表 4-13）。

表4-13　1966~2021年部分年份萨尔瓦多工业增长率和产值

年份	1966	1970	1980	1990	2000	2010	2020	2021
年增长率(%)	13.0	3.7	-20.1	2.1	-0.1	2.7	-10.0	9.5
产值(2010年不变美元价,10亿美元)	2.2	2.9	3.2	3.0	4.0	4.7	5.2	7.2

资料来源:世界银行网站,https://data.worldbank.org.cn/indicator/NV.IND.TOTL.KD.ZG? view=chart&locations=SV,https://data.worldbank.org.cn/indicator/NV.IND.TOTL.KD? locations=SV&view=chart。

　　萨尔瓦多工业在国民经济中始终占据重要地位。在70年代初次工业化浪潮中,1975年,萨尔瓦多工业在GDP中的占比达到26.5%。此后,萨尔瓦多的工业在70年代中后期至80年代中期、80年代末至90年代初、2002~2012年数次经历大起大落的曲折发展。2020年工业在国内生产总值中的占比为23.8%(见表4-14),还不及1966年(24.8%)。

表4-14　1965~2020年部分年份萨尔瓦多工业占GDP的比重

年份	1965	1970	1975	1980	1990	2000	2010	2020
比重(%)	23.1	24.3	26.5	22.0	23.3	26.9	25.3	23.8

资料来源:世界银行网站,https://data.worldbank.org.cn/indicator/NV.IND.TOTL.ZS? view=chart&locations=SV。

二　工业部门

1. 纺织和服装业

　　萨尔瓦多的纺织和服装业是奠定萨尔瓦多在中美洲国家中经济领先地位的重要产业。萨尔瓦多是拉丁美洲最具投资吸引力的纺织和服装业中心,因为它靠近北美和南美的大型消费市场、拥有较为完善的全产业链以及较高的生产力和具有竞争力的人力资本。萨尔瓦多能够提供良好的物流和基础设施服务,国家有效率较高的生产能力。目前,超过260家公司在萨尔瓦多开展业务，其中包括全球知名公司。

萨尔瓦多纺织和服装业包含纺织、服装的全产业链生产活动。萨尔瓦多政府支持高附加值纺织品的开发、生产和出口，并制定了相关鼓励政策。萨尔瓦多行业立法和经济、技术条件较为完善，国家政府和行业协会较为关注增加外国投资量、创造新的就业机会并加强现有产业能力三方面发展。

萨尔瓦多纺织和服装业的发展历史，可以追溯到殖民地时期。1492年西班牙殖民者到达美洲后，发现中美洲文明中，印第安原住民已有编织艺术，但多数处于萌芽阶段。随后，殖民者为满足城镇人口对纺织品的需求，对本地传统编织行业进行改造，升级为纺织编织品加工。同时引入机械纺织技术，纺织业成为部分城镇发展的经济基础。随后，殖民者引入了初级织布机。在满足城镇居民衣物需要的同时，还增加了其他产品包括吊床、毯子、床品、染色地垫等各种纺织品的生产。1885年，殖民者引入了首台棉纱织机。1912年，萨尔瓦多引入首台飞梭织机。费尔南多·萨格雷拉创立了萨尔瓦多第一家面料加工厂。

第一次世界大战导致萨尔瓦多工业产品进口陷入瘫痪，这客观上促进了萨尔瓦多纺织业的发展。1922年，第一家纺织厂——密涅瓦（这是美洲第一个纺织业中心）建成，引进了多臂织机。随后，萨尔瓦多纺织业热潮出现。1923年，一家名为"星星"的工厂成立。1926年，"狮子"工厂建立。1932年，"萨格雷拉"工厂建立。1937年"法布里卡·马丁内斯·萨格雷拉"工厂建立。1942年，萨尔瓦多纺织工厂（HILASAL）将棉花作为纺织业的主要原料，这一需求促进了棉花种植业的发展。棉农因此成立了棉花合作协会，加工原棉，保证国内市场、棉花产业的正常、稳定发展。1942年5月14日，萨尔瓦多颁布第50号法令，授权棉花合作协会作为该行业代表，与纺织业合作发展。纺织品制造商于1946年成立该行业的"产业联盟"。1948年，奥斯卡·奥索里奥（Oscar Osorio）政府提出了支持国家工业化的诸多举措，标志着该国经济向工业化方向的转型。纺织业利用国际市场机遇，获得丰厚的利润。

1960~1970年，由于中美洲共同市场的建立，萨尔瓦多的工业化发展更加迅速。萨尔瓦多的纺织产品也顺利进入洪都拉斯和尼加拉瓜等中美洲

国家。

在 20 世纪 70 年代，由于中美洲共同市场的崩溃，制造业出现危机。80 年代，内战期间工业发展几乎陷入瘫痪，1992 年和平协议签订后，萨尔瓦多纺织业发展重新焕发活力，时至今日，纺织和服装业发展为萨尔瓦多经济的重要引擎之一。

几十年来，萨尔瓦多纺织和服装业逐渐形成了以来料加工为主的行业发展模式。萨尔瓦多服装公司能够生产完整的包装成衣。2019 年，包装成衣已经占萨尔瓦多该行业出口总额的 67%，剩余 33% 的出口产品为来料加工类。该国负责生产与服装加工相关的纱线、面料和产品的工业部门作为一个简单的加工系统运作：从美国接收面料，加工并送回美国市场，赚取较低附加值的制衣收入。

根据萨尔瓦多纺织、服装业和自由区商会的数据，2019 年纺织部门的出口额占萨尔瓦多出口总额的 43%，与近 5 年平均水平持平，较 2018 年，出口量减少 3010 万美元。2019 年，该行业共计创造了约 82000 个直接工作岗位和超过 200000 个间接工作岗位。2019 年上半年，萨尔瓦多纺织和服装业出口 15.57 亿美元，出口额居前两位的为服装和纱线，出口额分别为 13.066 亿美元和 2.151 亿美元。萨尔瓦多服装业两大出口产品为棉质 T 恤和毛衣。

萨尔瓦多向 50 多个国家出口纺织品和服装。美国是萨尔瓦多第一大纺织品和服装出口市场，约占萨尔瓦多 70% 的行业出口份额。萨尔瓦多与美国的自由贸易协定，让萨尔瓦多建立起一个有能力生产具有高附加值的合成纱线或织物的公司链（"集群"）。萨尔瓦多是美国第九大服装产品供应商。相较美国的前两大供应商中国和越南，萨尔瓦多的优势在于运输距离近与成本低。萨尔瓦多纺织品和服装的第二大出口市场是中美洲地区其他国家，占萨尔瓦多出口额的 24%。

如今萨尔瓦多的纺织和服装业可以根据美国市场的需要，进行具有产品附加值的生产和加工。萨尔瓦多纺织和服装业成为国家经济不可或缺的动力和支柱，主要可以归因于 4 个要素：① 完整和一体化的供应链；②创新和使用新技术；③根据消费者的要求迅速调整生产；④生产强调社会责任。①

2. 采矿业

萨尔瓦多的采矿业是在 19 世纪末期发展起来的，主要是采掘黄金。最早的两座黄金矿分别位于圣塞巴斯蒂安（San Sebastian）和萨德罗（Divisadero）。1908~1928 年，圣塞巴斯蒂安黄金矿的产值达到了 1600 万美元。但在 20 世纪 30 年代经济危机中，黄金和白银等贵金属价格暴跌，且开采成本上升，矿业开始衰落。除了黄金，萨尔瓦多还有白银、铜、硫黄、水银、铅、锌和石灰岩等矿产资源。其中，只有黄金、白银和石灰岩进行了开发，而且直到 80 年代，开发规模仍很有限。

2009~2016 年，萨尔瓦多的矿产量在 3 万~10 万吨（见图 4-7）。2017 年，萨尔瓦多成为世界上第一个禁止进行矿业开发的国家。萨尔瓦多禁矿政策缘于 2002 年加拿大的跨国公司"泛太平洋"（Pacific Rim）计划在萨尔瓦多太平洋海岸的卡瓦尼亚斯开采金矿。金矿紧邻萨尔瓦多最大的河流——伦帕河，该河是萨尔瓦多所剩无几的没有被污染的水源之一，并提供全国一半的饮用水。萨尔瓦多人担心"泛太平洋"计划的勘探将引来更多的外国公司参与，随着金价的提高，加之萨尔瓦多是中美洲自贸区成员国，私人投资会大规模加入。萨尔瓦多是中美洲人口最稠密的国家之一，开发矿产遭到了社会各界的反对，同时禁令得到了国际环保组织的支持。经过长期的较量，最终在 2017 年 3 月 29 日，萨尔瓦多议会举行表决，全面禁止开采金属矿的法令获得通过。这意味着无论地面还是地下，萨尔瓦多都禁止所有关于金属的勘探、提炼和加工，禁止使用氰化物、汞等有毒化学物。萨尔瓦多议会通过禁止开发矿业的法令，使萨尔瓦多因成为首个禁矿国而闻名于世。

3. 建筑业

建筑业是 20 世纪 70 年代萨尔瓦多工业中最有活力的门类，产值从 1977 年的 5000 万美元，增至 1978 年的 8000 万美元。但到了 80 年代出现不景气，在整个 80 年代，萨尔瓦多建筑业的发展极为缓慢，导致

---

① Textile and Clothing Industry Overview—El Salvador's Story, https://www.thecentralamericangroup.com/textiles-el-salvador/.

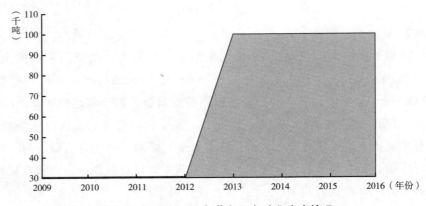

图 4-7 2009~2016 年萨尔瓦多矿业生产情况

资料来源：CEIC，https：//www. ceicdata. com/zh - hans/indicator/el - salvador/ minerals-production。

建筑业的就业人数从 1980 年的 1.3 万人，下降到 1986 年的 0.3 万人；建筑项目也从 1979 年的 320 项，减为 1984 年的 35 项。然而，1986 年大地震造成大范围的破坏，萨尔瓦多对建筑业的投资猛增。建筑业在 1987 年实现恢复性增长，涨幅为14%。[①]

90 年代初，萨尔瓦多达成国内和解之后，建筑业一直稳步发展。1993 年，建筑业产值为 2.9 亿美元，2000 年达到 5.3 亿美元。2019 年建筑业产值达到了 15.67 亿美元，同比增长 10.30%（见表 4-15）。

表 4-15 2008~2019 年萨尔瓦多建筑业产值情况

单位：美元，%

年份	建筑业产值	同比变化
2008	951419334	0.58
2009	839038598	-11.81
2010	901027592	7.39

① El Salvador，http：//reference. allrefer. com/country - guide - study/el - salvador/el - salvador74. html.

年份	建筑业产值	同比变化
2011	1082039179	20.09
2012	1153509832	6.61
2013	1195380058	3.63
2014	1206495009	0.93
2015	1186897890	-1.62
2016	1223000000	3.04
2017	1307610000	6.92
2018	1420660000	8.65
2019	1566950000	10.30

资料来源：https：//cn. knoema. com/atlas/萨尔瓦多/topics/经济/国民经济核算经济活动增加值现价美元/建设。

2017～2019 年，萨尔瓦多建筑业先后开展了 200 多个项目，涉及住房、商业、办公等。其中，公寓建设是拉动建筑业增长的主要因素。2020年，受新冠疫情及国内隔离措施等因素的影响，萨尔瓦多建筑业产值有所下降。截至 2020 年第三季度，建筑业产值为 9.41 亿美元，2020 年建筑业收入为 12.553 亿美元（估计数字）。

萨尔瓦多建筑业商会执行董事何塞·安东尼奥·贝拉斯克斯（José Antonio Velásquez ）表示，2021 年公共和私营建筑部门分别有价值约 6 亿美元的开发项目工程。在公共部门方面，主要投资领域为基础设施与提升物流能力的项目。卡萨尔科新基础设施工程进入招标阶段，政府正在开展加强物流能力的项目。在国家东部，有加强该地区连通性的桥梁和立交桥项目。在私营建筑部门，约 60% 的投资用于新的住房项目开发。因新冠疫情采取隔离措施而停工的标志性项目，也继续进行。包括建成后将成为该国最高建筑之一的千禧广场大楼，以及位于圣贝尼托社区的"总统广场"。2022 年 3 月，建筑业为萨尔瓦多 GDP 贡献了 3.95 亿美元，占 GDP（不变价格）的 6.5%。建筑业投资的增加与行业复苏，将创造新的就业机会，萨尔瓦多有望借助建筑业复苏经济，提升国

家竞争力。

4. 电力业

萨尔瓦多的电力主要来自水力、地热能以及太阳能发电。

（1）水力发电

萨尔瓦多总电力中水力发电一直占重要地位，最高时占比达到74.3%（1990年）。但水力发电占比总体呈下降趋势，2012年降至30%以下。2015年，22.6%的电力来自水力发电。国有企业莱姆帕河水电执行委员会（CEL）拥有主要经营权。萨尔瓦多有4座水力发电站：11月5日水电站（81.4兆瓦）、瓜霍约（Guajoyo）水电站（15兆瓦）、大塞隆水电站（135兆瓦）以及9月15日水电站（156.3兆瓦）。这些水电站都位于莱姆帕河上。此外，政府还着手推进以下项目：更新9月15日水电站的两个24兆瓦的机组；建设66兆瓦装机容量的埃尔查帕拉尔（El Chaparral）水电站以及261兆瓦装机容量的埃尔西马仑（El Cimarrón）河水电站。

（2）地热发电

萨尔瓦多有两个正在运转的地热发电站，一个是阿瓦查潘地热发电站，装机容量为95兆瓦；另一个是柏林地热发电站，装机容量为104兆瓦。这两个发电站由国有电力公司拉赫欧（LaGeo）负责经营。

（3）太阳能发电

2015年，AES蒙卡瓜公司（AES Moncagua）在圣米格尔成立，该公司拥有2.5兆瓦的光伏发电能力。建有一个气象监测站，该监测站能够分析并保证发电站的正常运行。光伏发电站的运行将每年减少2700吨的二氧化碳排放。

萨尔瓦多的电力供应从1980年的164万千瓦时提高到2016年的560万千瓦时。在20世纪90年代之后快速增长，2008年国际金融危机之后，电力供应趋于平稳。近年来，发电量缓慢回升。2019年，萨尔瓦多发电量为529万千瓦时，2021年为656万千瓦时（见表4-16）。

表 4-16　2008~2021 年萨尔瓦多发电量

单位：百万千瓦时

年份	发电量
2008	5.87
2009	5.75
2010	5.76
2011	5.84
2012	5.97
2013	6.02
2014	5.98
2015	5.61
2016	5.60
2017	4.88
2018	4.77
2019	5.29
2020	6.26
2021	6.56

资料来源：《萨尔瓦多-净发电量总量》，https：//cn.knoema.com/atlas/萨尔瓦多/topics/能源/电气/电力发电量。

第四节　服务业

一　服务业概况

服务业是萨尔瓦多经济结构中最重要的部门。萨尔瓦多经过多年的发展，已经摆脱了过去以农业为主的产业结构，国家的经济形态已经发生质的变化。服务业在 20 世纪 60 年代中期占经济总量的 1/3，在 80 年代中期提高到 1/2。2017 年，萨尔瓦多服务业产值占当年 GDP 的 60% 左右，成为国家经济和社会发展的支柱。[①]

----

① 世界银行，https：//data.worldbank.org.cn/country/el-salvador。

萨尔瓦多的服务业在 60 年代中期到 70 年代中后期，基本保持快速发展，在 70 年代末到 80 年中期出现了缓慢增长，甚至负增长。但到了 80 年代后期得到恢复，并稳定增长。进入 90 年代之后，进入了快速发展的轨道，2008 年国际金融危机时受到影响，之后逐渐恢复。2021 年，萨尔瓦多服务业增长率为 10.4%（见表 4-17）。

表 4-17　2010~2021 年萨尔瓦多服务业年增长率

单位：%

	2010	2011	2012	2013	2014	2015	2016	2017	2018	2019	2020	2021
服务业年增长率	1.449	4.1	3.58	3.04	1.65	3.44	2.29	2.39	3.3	2.6	-7.4	10.4

资料来源：https://data.worldbank.org.cn/country/el-salvador。

二　服务业部门

1. 运输仓储和通信业

萨尔瓦多的运输仓储和通信业从 20 世纪 80 年代开始有了明显的增长势头，到了 90 年代国内和解之后，出现了长时间的高速增长。1996 年，萨尔瓦多的运输仓储和通信业营业额达到了 20.28 亿美元。2005 年，运输仓储和通信业营业额为 15.7 亿美元，2015 年为 18.6 亿美元，2017 年突破 20 亿美元，2019 年达到 20.4 亿美元（见表 4-18）。

表 4-18　2008~2021 年萨尔瓦多运输仓储和通信业产值变化

单位：美元，%

年份	运输仓储和通信业产值	同比变化
2008	1610462445	3.28
2009	1493499441	-7.26
2010	1496499310	0.20
2011	1644271938	9.87
2012	1698569081	3.30
2013	1796140266	5.74

年份	运输仓储和通信业产值	同比变化
2014	1732412559	-3. 55
2015	1860075975	7. 37
2016	1998770000	7. 46
2017	2002120000	0. 17
2018	1985836164	-0. 81
2019	2040091467	2. 73
2020	1825233775	-10. 53
2021	2119720709	16. 13

资料来源：https：//cn. knoema. com/atlas/萨尔瓦多/topics/经济/国民经济核算经济活动增加值现价美元/运输存储与通信。

2. 批发零售业、餐饮与住宿业

萨尔瓦多的批发零售业、餐饮与住宿业在 20 世纪 90 年代初全国和解后，实现了高速和持续性发展。2005 年，行业产值达 33.6 亿美元。2011~2014 年，萨尔瓦多批发零售、餐饮与住宿行业进入高速发展期，年增长率分别为 6.69%、8.70%、7.02%和 5.01%。2015~2019 年，实现稳定增长，年涨幅分别为 2.45%、2.39%、2.45%、5.36%和 2.85%。2019 年，该部门在实现了连续 14 年增长后，行业总收入达到 38.89 亿美元（见表 4-19）。2020 年，新冠疫情及防疫隔离政策，对餐饮与住宿业造成巨大打击，零售行业产值也因经济、社会活动的大幅减少而有所下降。

表 4-19　2008~2021 年萨尔瓦多批发零售业、餐饮与住宿行业的发展情况

单位：美元，%

年份	产值	同比变化
2008	2437126401	7. 96
2009	2504970977	2. 78
2010	2562562777	2. 30
2011	2733940245	6. 69
2012	2971861591	8. 70

续表

年份	产值	同比变化
2013	3180359650	7.02
2014	3339689885	5.01
2015	3421348268	2.45
2016	3503160000	2.39
2017	3589090000	2.45
2018	3781455621	5.36
2019	3889201286	2.85
2020	3414670117	-12.20
2021	4039226097	18.29

资料来源：https：//cn.knoema.com/atlas/萨尔瓦多/topics/经济/国民经济核算经济活动增加值现价美元/批发零售业餐饮与住宿。

第五节　交通与通信

一　交通

1. 公路

萨尔瓦多的道路密度在 2004 年 32.8 千米/100 平方千米的基础上，2011 年提高到 34.7 千米/100 平方千米（见表 4-20）。

根据世界经济论坛的"全球竞争力报告"，萨尔瓦多的公路里程在拉丁美洲国家中排名第三，仅排在智利和巴拿马之后，超过巴西、哥伦比亚以及中美洲的其他国家。

表 4-20　2004~2011 年萨尔瓦多道路密度

单位：公路长度/100 平方千米

年份	道路密度
2004	32.8
2005	32.9

续表

年份	道路密度
2006	33.0
2007	33.4
2008	33.8
2009	34.4
2010	34.5
2011	34.7

资料来源：https：//cn.knoema.com/atlas/萨尔瓦多/topics/运输/公路运输/道路密度。

萨尔瓦多拥有大约 1.2 万千米公路，其中只有 1700 千米是柏油路。主要公路有 3 条：一是泛美公路（CA-1），二是沿海公路（CA-2），三是北方纵向公路（North Longitudinal Highway）。其中，CA-1 是萨尔瓦多的主要公路，连接洪都拉斯和危地马拉。

2. 铁路

萨尔瓦多的首条铁路是在 1882 年建成的，全程 15 千米，连接阿卡胡特拉港和内地的松索纳特。这条铁路的开通，促进了萨尔瓦多铁路的发展。1998 年萨尔瓦多铁路长 547 千米。2013 年，萨尔瓦多的客运列车停止服务。萨尔瓦多铁路主要线路连接圣萨尔瓦多和位于太平洋沿岸的阿卡胡特拉港、库图科港。2021 年 3 月，萨尔瓦多与中美洲经济一体化银行联合发标，重启铁路的客运，韩国经济与金融部成功获得该项目的可行性研究授权。

3. 水运

萨尔瓦多是濒海国家，海运是萨尔瓦多水运中的主力，并一直在其交通运输中占据重要地位。2008 年，受国际金融危机的影响，萨尔瓦多海运货柜吞吐量从 2008 年的 15.6 万个，下降到 2009 年的 12.64 万个。之后 10 年中，萨尔瓦多的海运一直处于上升势头，2011 年，超过 2008 年的水平。2016 年，运输量超过 20 万个货柜，2019 年接近 25 万个货柜（见表 4-21）。

表 4-21　2009~2019 年部分年份萨尔瓦多货柜码头吞吐量
（TEU：20 英尺当量单位）

年份	2009	2010	2012	2014	2016	2018	2019
货柜（千个）	126.4	146.8	179.4	179.3	202.2	231.0	249.5

资料来源：世界银行网站，https：//data.worldbank.org.cn/indicator/IS.SHP.GOOD.TU？locations=SV&view=chart。

萨尔瓦多的班轮运输相关指数①的总趋势也是持续上升。2005 年为 7.3，2010 年为 8.4，2016 年突破 9，达到了 9.3，2018 年为 9.8，2019 年为 9.5（见表 4-22）。

表 4-22　2005~2019 年部分年份萨尔瓦多班轮运输相关指数
（2004 年的最大值 = 100）

年份	2005	2010	2012	2014	2016	2018	2019
指数	7.3	8.4	8.2	8.6	9.3	9.8	9.5

资料来源：世界银行网站，https：//data.worldbank.org.cn/indicator/IS.SHP.GCNW.XQ？locations=SV&view=chart。

阿卡胡特拉港是萨尔瓦多重要港口之一，港口位于萨尔瓦多西南海岸，由口岸机场自治执行委员会负责运营。

该港口在西班牙殖民时期就是最为重要的港口之一，主要出口产自松索纳特大区的可可。1805 年阿卡胡特拉港开始建立码头、海关和仓库，于 1855 年 8 月 15 日交付政府并投入使用。1869 年 1 月，圣安娜和阿卡胡特拉港之间的公路投入使用，促进了港口的发展。1900 年，阿卡胡特拉港迁到阿卡胡特拉市的西部。阿卡胡特拉码头公司在新址上建造了一个 700 英尺（约合 213.36 米）长的铁路码头，并与萨尔瓦多铁路公司经营

---

① 班轮运输相关指数（LSCI）：国际通用的有关各国船队配置、服务、航线、运输规模等方面信息的综合，是衡量该国航运水平的指标。

的铁路线相连接。

阿卡胡特拉港运营的 A 码头于 1961 年启用，B 码头于 1970 年启用，C 码头于 1975 年启用。现有的三座码头分布了八个泊位，能满足各种类型船舶的停靠。

A 码头长 310 米，宽 37 米，2 个泊位，供吃水 9～10 米的船停靠，装卸干、湿散货；C 码头长 270 米，宽 18 米，2 个泊位，供吃水 12 米左右的船只装卸集装箱和散货；B 码头长 370 米，两侧各有 2 个泊位，供吃水 9～10 米的船舶装卸集装箱和散货。

库图科港是萨尔瓦多另一个重要的港口。港口位于丰塞卡湾西北岸，可提供淡水、食品补给和医疗服务，全年吞吐量 20 多万吨。该港主要装卸杂散货。北外泊位水深 9.14 米（平均水位以上）；北内泊位水深 7.31 米（平均水位以上）；北泊位长 152 米，宽 7.6 米；南外泊位水深 7.62 米（平均水位以上）；南内泊位水深 6.70 米（平均水位以上）；南泊位长 174 米，宽 6.1 米。船舶装卸桥长 272.2 米。另有 2 个油船泊位，长 176.8 米，水深 7.62 米。

4. 航空

萨尔瓦多拥有 2 个国际机场，一个是位于拉巴斯省圣路易斯塔尔帕市和首都圣萨尔瓦多之间的科马拉帕国际机场（Comalapa International Airport），该机场是萨尔瓦多的主要机场；另一个是伊洛潘戈国际机场，位于伊洛潘戈市。

科马拉帕国际机场距圣萨尔瓦多 40 千米左右，建于 20 世纪 70 年代。科马拉帕国际机场是在时任总统阿图罗·阿曼多·莫里纳的倡议下修建的。科马拉帕国际机场为其他航空公司飞往北美洲、南美洲和欧洲等航线的 31 个目的地提供中转服务。该机场每年的旅客运输量达 245 万人次。机场有 20 多个登机手续办理台，设有临时停车场和固定停车场、邮局、银行、货币兑换处、餐厅、旅客信息服务柜台等服务设施。机场还有出租车公司，提供往返机场的交通服务。

使用科马拉帕国际机场的航空公司主要有美国货运航空公司、敦豪航空、美国大陆航空、德尔塔航空公司、伊比利亚航空公司、太平洋国际航

空公司等。

科马拉帕国际机场的地理位置优越。美国联邦航空管理局（FAA）将其划入第一类，该机场还经过了民用航空管理局（CAA）认证。作为中美洲地区第一座获得以上两项认证的机场，科马拉帕国际机场在 2015年"Skytrax 世界机场大奖"中获得中美洲和加勒比地区最佳机场第三名。根据世界经济论坛的数据，科马拉帕国际机场列中美洲和加勒比地区所有机场的第二位，它的基础设施更具竞争力，达到 4.8 分（7.0 分为最高分），仅低于巴拿马（6.0 分），高于哥斯达黎加（4.6 分）。此外，国际民航组织（ICAO）认为该机场在美洲大陆安全标准方面，仅次于美国和加拿大的机场。

科马拉帕国际机场的主跑道长 3200 米，是中美洲最长的跑道，宽 60 米，波音 747、空客 A340、空客 A380 和波音 777 等大型飞机均可以满负荷运行。与主跑道平行，还有一条长度相同的"阿尔法"滑行道，通过 6 个出入口与主跑道相连。为了供小型飞机起降，还建有一条长度为 800 米的辅助跑道。

2016~2017 年，萨尔瓦多口岸机场自治执行委员会投资了近 3500 万美元对科马拉帕国际机场进行改造升级。改造之后，科马拉帕国际机场具有在一小时内处理 24 架次飞机起降的能力。机场扩建工程于 2017 年 7月完工。

科马拉帕国际机场除了客运大楼外，还拥有一座建筑面积 1 万多平方米的货运大楼，平台上有 3 个供货机停靠的停机位，还有 1 个供 5 架飞机维修使用的平台。这个维修平台正好面对航空维修公司的机库。该现代化的机库可提供高水平的航空维修服务，提高了科马拉帕国际机场的附加价值。

航空维修公司是该地区最重要的商用飞机维修站，也是拉美地区空中客车 MRO 维修体系①中的唯一成员，成立于 1983 年，是美洲大陆最大的飞机维修站和世界上最具竞争力的飞机维修站之一。

萨尔瓦多的另一个国际机场是伊洛潘戈国际机场，位于萨尔瓦多东部

---

① MRO 维修体系是英文"Maintenance""Repair""Overhaul"三个单词的首字母，意为"维护、维修、大修"。

的伊洛潘戈市。1964 年 4 月 27 日正式开放，开始运营国际航班。它作为萨尔瓦多的主要国际机场服务多年，直到被更大、更现代化的科马拉帕国际机场取代。目前，它用于军机和包机的起降，每年还负责承办伊洛潘戈航空展。伊洛潘戈航空展于每年 1 月的最后一个周末在此举行。萨尔瓦多国家航空博物馆的展馆也位于该机场的旧航站楼。此外，伊洛潘戈国际机场也是萨尔瓦多民航局的总部所在地。

萨尔瓦多口岸机场自治执行委员会负责伊洛潘戈国际机场的运营以及发展。萨尔瓦多口岸机场自治执行委员会于 2016 年在伊洛潘戈国际机场投入了 11 万美元建设并启用了新的航站楼。从该机场可以直飞危地马拉，经危地马拉可以飞往洪都拉斯和伯利兹等国家。

萨尔瓦多的航空运输量在 20 世纪 90 年代初开始迅速提升，在 1998 年和 2001 年两次达到 4700 万吨千米，中间也出现了大的波动，1999 年降到了 2200 万吨千米。之后，出现了断崖式的下跌，2003 年又回到了 1990 年的水平。2017 年萨尔瓦多航空货运量为 1400 万吨千米（见表 4-23）。

表 4-23 2008~2019 年萨尔瓦多航空货运量

单位：百万吨千米

年份	运量
2008	18
2009	15
2010	11
2011	15
2012	17
2013	16
2014	16
2015	14
2016	13
2017	14
2018	11
2019	13

资料来源：《萨尔瓦多空运》，https：//cn. knoema. com/atlas/萨尔瓦多/topics/运输/航空运输/空运。

萨尔瓦多的航空客运相对发展比较平稳，从 80 年代末 90 年代初突破年旅客运输量 50 万人次大关之后，保持上升趋势。在 2008 年国际金融危机影响下，出现了大幅度下降。但是，2017 年基本得到恢复，当年的航空客运人数达到了 267 万人次，仅次于 2014 年 282 万人次的最高水平。

二　电信

1. 概况

萨尔瓦多电信业发展历史悠久。1870 年 4 月 27 日，萨尔瓦多开设了电报服务。最初的电报线路由北美工程师查尔斯·H. 比林斯（Charles H. Billins）指导创建，将圣萨尔瓦多市与拉利伯塔德港连接起来。从此，电报业务在萨尔瓦多逐渐发展，设立了四个主要网点。

电话服务较早在外国技术援助下建立。1885 年 8 月 24 日，首都和圣特克拉市间开通电话服务。根据 1887 年 12 月 7 日第 259 号官方公报，行政部门同意将圣萨尔瓦多和圣安娜间的电话线用于公共服务。1888 年 9 月 10 日，电报和电话局正式成立，提供圣萨尔瓦多、圣特克拉、圣安娜和阿瓦查潘间的城际通信。同年，拉利伯塔德港建立了新的电话服务网点。1916 年底，爱立信公司完成了地下电话线路的敷设。

无线电业务随之兴起。1917 年 9 月 15 日，墨西哥总统韦努斯蒂亚诺·卡兰萨（Venustiano Carranza）捐赠给萨尔瓦多第一个无线电通信站。1936 年，世界无线电服务开始商用，同年，萨尔瓦多电信大楼落成。萨尔瓦多商业广播于 1940 年开播。彼时，萨尔瓦多正值马克西米利亚诺·埃尔南德斯·马丁内斯军政府执政时期。

1942 年 10 月 4 日，萨尔瓦多颁布了首个电信业专项行政管理法规——《无线电广播电台的设立和运营条例》。最初，管理机构和电信运营商均受萨尔瓦多国家电报总局管理。1963 年 8 月 27 日，根据第 370 号法令，萨尔瓦多创建了国家电信管理局（ANTEL）。1975 年 10 月 9 日，国家根据第 367 号法令制定了《电信服务法》。其中规定：根据现行法律和根据该法创建的机构，将受国家电信管理局管理，在涉及公共利益的领域，依规提供技术控制、电信服务。

萨尔瓦多签署和批准了一系列关于电信的国际条约或公约，根据《萨尔瓦多共和国宪法》，这些条约或公约构成共和国的法律，如果国内其他法律与条约或公约发生冲突，以国际条约为准。

内战期间，战争对国家经济和社会发展影响巨大，尤其影响了电信基础设施建设，通信实际上被中断。随着和平协议的签署以及经济结构性改革，电信业获得长足发展。20 世纪 90 年代中期，萨尔瓦多的电话服务主要由国家提供。

此后，萨尔瓦多正式开始了电信全面私有化进程。1996 年，萨尔瓦多完成电信私有化。电力和电信总局为监管机构，是萨尔瓦多所加入条约或组织的指定国家代表机构。萨尔瓦多加入了国际电信联盟（ITU）、中美洲电信委员会（COMTELCA）、美洲电信委员会（CITEL）等。1996 年，立法议会批准颁布第一部《电信法》；1997 年，颁布新《电信法》，沿用至今。

《电信法》的目的是规范电信业的活动，尤其是规范公共固定和移动电话服务、开发无线电频谱、基本通信资源的获取和使用规划，包括接入代码的分配等。1998 年 5 月 15 日，萨尔瓦多颁布了《电信法条例》，为监管部门制定了该法的适用条款。《电信法条例》在 2011 年、2012 年经历了多次改革。

萨尔瓦多的电子通信业发展令人注目。政府没有对萨尔瓦多境内公共场所接入互联网进行限制，大城市如圣萨尔瓦多、圣安娜、圣米格尔的酒店、机场、饭店等都能提供便捷的无线网络服务。

移动电话公司提供漫游服务，但萨尔瓦多的漫游费用较高，相对来说，从大公司购买预付费的电话卡比较划算。购买电话卡需要出示身份证明或者护照。

2. 固定宽带

萨尔瓦多的固定宽带业务在近 10 年里始终保持高速发展，使用户数从 2006 年的 6.15 万户增加到了 2017 年的 45.13 万户。其中增长最为迅猛的是 2007 年和 2008 年，年增长分别为 45.99% 和 37.55%。2017 年和

2018 年分别增长 14.16% 和 9.09%，2018 年用户数量达到 49.2 万（见表 4-24）。

表 4-24　2006~2018 年萨尔瓦多使用固定宽带户数

单位：户，%

年份	固定宽带使用户数	同比变化
2006	61484	—
2007	89761	45.99
2008	123469	37.55
2009	149406	21.01
2010	175274	17.31
2011	206000	17.53
2012	242100	17.52
2013	284428	17.48
2014	318915	12.13
2015	353001	10.69
2016	395307	11.98
2017	451263	14.16
2018	492265	9.09

资料来源：《萨尔瓦多-固定宽带订阅》，https：//cn.knoema.com/atlas/萨尔瓦多/topics/远程通讯/电信服务/固定宽带订阅。

3. 固定电话

萨尔瓦多固定电话业务虽然在 20 世纪起步阶段发展较快，但因互联网的发展，固定电话业务在 2004~2014 年出现一个黄金时期之后迅速下降，基本又回到了原点。2000 年，萨尔瓦多的固定电话用户数量为 62.5 万，2007 年达到了 108 万，最高峰的 2009 年达到了 110 万。之后逐渐下降，2017 年仅为 67.8 万，相比 2016 年下降了 27.4%。

4. 移动电话

萨尔瓦多的移动电话业务发展开始于 21 世纪初，保持了稳步上升的趋势。2000 年萨尔瓦多移动电话使用数量为 74 万部，2007 年猛增至 614 万部，2017 年为 998 万部。

第六节 旅游业

一 发展概况

旅游业在萨尔瓦多经济中占重要地位。萨尔瓦多的旅游资源丰富，但由于内战造成的国内不稳定，萨尔瓦多的旅游业起步较晚，在 1992 年和平协议签署之后，才出现了促进旅游业发展的有利环境。近 20 年来旅游业发展较快，形成了萨尔瓦多"40 分钟国家"的独特旅游特点，即从首都出发，40 分钟可以到达大多数旅游名胜。

与拉丁美洲的其他地区一样，萨尔瓦多的旅游市场以迎合西方游客为主。相比危地马拉、洪都拉斯、伯利兹和哥斯达黎加，萨尔瓦多的旅游业仍处于落后地位。1996~2006 年，旅游业的总收入为 17 亿美元，游客的人均消费水平低于该地区其他国家的游客平均消费水平。

1995 年，萨尔瓦多接待入境游客 23.5 万人次，旅游业收入达到 1.52 亿美元；2005 年，游客接待数量达到 112.7 万人次，旅游业收入随之增长到 6.56 亿美元。2006~2017 年，除了 2009 年出现旅游入境人数的负增长，其他年份均以较快的速度稳定增长。2017 年，萨尔瓦多的入境旅游人数从 2006 年的 127.9 万人次，增加到 155.6 万人次。同年，萨尔瓦多的旅游业收入也从 2006 年的 6.86 亿美元，增加到 12.27 亿美元。2018 年，萨尔瓦多旅游业收入约有 14 亿美元，游客数与 2017 年相比增长近 13%。

萨尔瓦多出境游也十分活跃，出境游客一直超过入境游客人数。1995 年萨尔瓦多出境游客 34.8 万人次，2005 年萨尔瓦多出境游客增至 123.9 万人次，2017 年萨尔瓦多出境游客达到了 187.1 万人次。萨尔瓦多出境游客人数一直保持相对较快的增长势头，除了正常的出境旅游之外，萨尔瓦多很多居民在国内动荡时期选择侨居海外，仅美国就有约 200 万名萨尔瓦多的移民，他们在两国之间的往来一直是萨尔瓦多出境旅游发展的重要原因。

二 旅游管理

1. 机构和法律

20 世纪 90 年代, 国际旅游业发展较快, 1992 年萨尔瓦多国内政治实现和解, 签署了和平协议。国内环境的改善使萨尔瓦多旅游业有了内外发展的契机。1997 年, 萨尔瓦多成立了旅游业专门管理机构。此后, 萨尔瓦多的旅游业收入连年增长。2004 年旅游业收入已经达到了 4.25 亿美元, 近 10 年的时间中, 萨尔瓦多的旅游业收入增长了 10 多倍。同年, 萨尔瓦多政府成立了旅游部, 负责旅游业的发展。2005 年, 萨尔瓦多又通过了《旅游法案》, 为旅游业的发展提供税收优惠和法律保障。

2. 中国公民赴萨尔瓦多注意事项

（1）入境签证

萨尔瓦多已经被确定为中国公民组团出境旅游目的地。2018 年 11 月 1 日, 中华人民共和国政府和萨尔瓦多共和国政府签署了《关于互免持外交、公务（官员）、公务普通护照人员签证的协定》。根据中萨两国政府间协定, 持外交、公务（官员）、公务普通护照人员享受免签待遇, 一次免签入境停留期不超过 90 天。若持有在有效期内的美国、加拿大、申根签证, 可享受落地签待遇, 手续费 10 美元, 停留期限不超过 90 天。

（2）海关检疫

凡来自或经由玻利维亚、哥伦比亚、委内瑞拉、秘鲁、厄瓜多尔、巴西等拉美黄热病疫区国家的人员进入萨尔瓦多, 必须携带注射黄热病疫苗证明（注射该疫苗至少 10 天后证明方可生效）, 否则将被拒绝入境。萨尔瓦多海关规定携带 1 万美元及以上现金的旅客入出境须申报。

（3）旅行安全

萨尔瓦多政局相对稳定, 但治安状况不容乐观, 各种犯罪高发。萨尔瓦多系世界上凶杀率最高的国家之一。此外, 萨尔瓦多水质和卫生条件差, 建议饮用瓶装水, 请勿直接饮用自来水。注意饮食卫生, 避免食物中毒和腹泻。

火警、匪警、交警、急救电话均为 911。

三　旅游业现状

旅游业一直是萨尔瓦多经济发展中的亮点，不仅是服务业中的支柱产业，对萨尔瓦多的整个经济也有重要的影响。

1995 年，萨尔瓦多旅游业收入为 1.52 亿美元。2004 年，萨尔瓦多旅游业收入增加到 7.5 亿美元。2014 年，旅游业收入达到 12.9 亿美元。2019 年，旅游业收入达到了创纪录的 16.6 亿美元。[①]

2015~2019 年，到访萨尔瓦多的游客主要来自美洲地区国家（见表 4-25）。美洲作为萨尔瓦多旅游业的主要客源地，游客来源国高度集中，美洲游客对萨尔瓦多来说至关重要。来自美洲地区的游客占比中，中美洲地区最高，占一半以上；北美地区约占 2/5。在美洲地区国家中，危地马拉、美国和洪都拉斯是萨尔瓦多旅游业最为重要的客源国家。2019 年，来自上述几个国家的游客数分别占萨尔瓦多游客总数的 34.68%、34.00% 和 15.50%。

表 4-25　2015~2019 年萨尔瓦多游客来源情况

单位：千人次

地区/年份	2015	2016	2017	2018	2019
非洲	0.4	0.4	0.5	0.7	0.6
美洲	1361	1387	1502	1623	1700
东亚和太平洋地区	9	12	12	10	11
欧洲	31	33	40	43	54
南亚	0.9	0.9	0.9	1.0	0.9

资料来源：UNWTO, *El Salvador*：*Country-specific*：*Basic Indicators*（*Compendium*）*2015-2019*，2020，https：//www.e-unwto.org/doi/abs/10.5555/unwtotfb0222010020152019202007。

赴萨尔瓦多的游客中多数人是私人原因入境。2015 年，私人和公务原因入境的外国人分别约为 123.6 万人次和 16.5 万人次，2019 年分

---

① *El Salvador Tourism Statistics 1995-2021*，https：//www.macrotrends.net/countries/SLV/el-salvador/tourism-statistics.

别约为 165.3 万人次和 11.2 万人次。入境游客主要是通过陆路和航空入境。

2015 年，赴萨尔瓦多的游客平均每日消费 112.9 美元，2017 年最高，达到 123.8 美元，到 2019 年降为 105.4 美元。[①]

四　旅游资源

1. 环境和生态旅游

尽管经济发展和城市化造成了一些环境破坏，但萨尔瓦多仍然拥有大量的动植物种类，通过国际合作，建设了生物走廊，为濒危种群提供稳定的环境。萨尔瓦多设有一系列的国家公园和保护区。

埃尔印波西波莱（El Imposible）国家森林保护区位于阿帕尼卡（Apaneca）山脉南麓的阿瓦查潘，面积 3000 多公顷，是多种动物的栖息地。

绿山国家公园（Cerro Verde National Park）位于圣安娜，在这里可以观赏伊萨尔科火山、圣安娜火山、绿山火山和科阿特佩基湖。

蒙特克里斯托（Montecristo）国家公园位于圣安娜北部，是萨尔瓦多的云杉自然保护区，内有云杉、橡树、松树、柏树等树木，还生活着食蚁兽、白尾鹿、美洲豹等珍稀动物。

沃尔特·戴宁格尔（Walter Deininger）公园是非常有名的动物庇护所。该公园禁止打猎，所以土狼、鹿、美洲蜥蜴等珍贵动物数量较多。

荷各达湖（Jocotal Lake）不仅风光秀丽，还是萨尔瓦多水禽的保护地。那里的树鸭非常著名。

伊洛潘戈湖是萨尔瓦多中南部的火山口湖，位于圣萨尔瓦多省、拉巴斯省和库斯卡特兰省之间。该湖长约 13 千米，宽约 9 千米，面积约 100 平方千米，是萨尔瓦多第一大湖。

---

① UNWTO, *El Salvador*: *Country-specific*: *Basic Indicators*（*Compendium*）*2015 - 2019*, 2020, https://www.e-unwto.org/doi/epdf/10.5555/unwtotfb0340010020152019202012.

2. 冲浪游

萨尔瓦多是世界上最著名的适合冲浪的国家之一，每年都吸引着来自世界各地的冲浪爱好者。在太平洋沿岸，拉利伯塔德省闪闪发光的海滩是冲浪人士的向往之地，也是旅游者访问最多的海滩。来萨尔瓦多冲浪的旅游者中，欧洲游客和美国游客居多。

3. 专题旅游

2009 年，萨尔瓦多旅游部开辟了 8 条专题旅游线路。这 8 条专题旅游线路分别是：①考古旅游线；②工艺品旅游线；③拉巴斯旅游线；④千峰旅游线；⑤乡村文化旅游线；⑥阳光海滩旅游线；⑦花卉旅游线；⑧火山旅游线。

第七节 财政与金融

一 财政

1. 政府预算

2017 年，萨尔瓦多政府的预算赤字为国内生产总值（GDP）的 0.1%，而萨尔瓦多政府预算赤字占 GDP 的比重在 1990 年至 2017 年平均为 1.03%，最高的年份是 2009 年，达到占 GDP 的 3.7%。2020 年，受新冠疫情影响，萨尔瓦多政府预算赤字占 GDP 的 9.2%（见图 4-8）。

2. 政府收支

萨尔瓦多是个经济自由度很高的国家，国家的财政收入主要来源于税收、社会捐献和其他非税收收入。20 世纪 90 年代萨尔瓦多实现了国家和解之后，政府的收入稳步上升，除了因 2008 年国际金融危机，2009 年政府财政收入出现了负增长（-7.2%），其余时间均以较高的速度增长。从 90 年代初 100 万科朗，增长到 2017 年的 600 万科朗（见表4-26）。

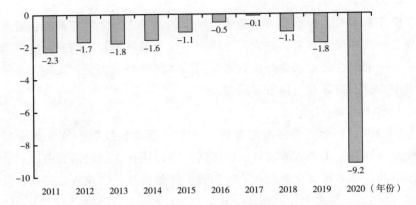

图 4-8 2011~2020 年萨尔瓦多政府预算赤字占国内生产总值的比重

资料来源：https：//tradingeconomics.com/el-salvador/government-budget。

表 4-26 2009~2020 年萨尔瓦多政府财政收入

单位：百万科朗

年份	政府收入
2009	3
2010	4
2011	4
2012	5
2013	5
2014	5
2015	5
2016	6
2017	6
2018	6
2019	6
2020	6

资料来源：《萨尔瓦多-政府财政收益》，https：//cn.knoema.com/atlas/萨尔瓦多/topics/经济/财政部门一般政府财政/政府财政收益。

　　萨尔瓦多政府的支出从 20 世纪 90 年代以来，一直保持稳定增长，2010 年突破 500 万科朗，2016 年突破 600 万科朗（见图 4-9）。

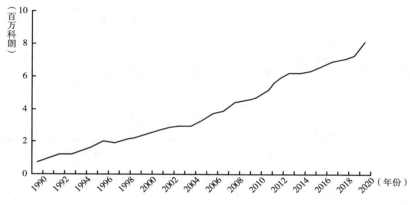

图 4-9　1990~2020 年萨尔瓦多政府支出

　　资料来源：《萨尔瓦多——一般政府总支出》，https：//cn. knoema. com/atlas/萨尔瓦多/topics/经济/财政部门一般政府财政/一般政府总支出。

3. 政府债务

　　萨尔瓦多政府债务的增加，使得政府债务在 GDP 中的占比不断提高（见表 4-27）。在全国和解之后，萨尔瓦多的政府债务有所下降。1997 年亚洲金融危机之后，萨尔瓦多政府的债务开始回升。2017 年政府债务占 GDP 的比重达到了创纪录的 70.5%；2020 年又创新高，达到 88.2%。

表 4-27　2009~2020 年萨尔瓦多政府债务占 GDP 的比重

单位：%

年份	政府债务占 GDP 的比重
2009	49.2
2010	56.4
2011	59.2
2012	63.6

续表

年份	政府债务占 GDP 的比重
2013	63. 2
2014	65. 3
2015	67
2016	68. 8
2017	70. 5
2018	70. 1
2019	71
2020	88. 2

资料来源：《萨尔瓦多——政府总债务》，https：//cn. knoema. com/atlas/萨尔瓦多/政府总债务。

4. 国际储备

萨尔瓦多的国际储备（包括黄金储备）在 20 世纪 90 年代全国和解之前一直在很低的水平徘徊，多数年份在 5 亿美元以下。在全国和解之后，经济和社会的发展释放出活力，萨尔瓦多的国际储备增加，至世纪交替的时候，接近 20 亿美元。2009 年突破了 30 亿美元，2019 年达到历史最高点 44. 46 亿美元，2020 年降至 31 亿美元（见表 4-28）。

表 4-28　2009~2020 年萨尔瓦多国际储备额及其变化

单位：美元，%

年份	国际储备额	同比变化
2009	3120881836	—
2010	2881775239	-7. 66
2011	2493022512	-13. 49
2012	3176161720	27. 40
2013	2744899176	-13. 58
2014	2693299223	-1. 88
2015	2786587496	3. 46

年份	国际储备额	同比变化
2016	3238334349	16.21
2017	3567268276	10.16
2018	3568810598	0.04
2019	4445830633	24.57
2020	3082859548	−30.66

资料来源：《萨尔瓦多——包含黄金在内的国际储备》，https：//cn.knoema.com/atlas/萨尔瓦多/国际储备。

5. 经常项目

21世纪初到2017年，萨尔瓦多的经常项目余额明显呈现"W"形的发展轨迹，在2008年和2013年两度出现余额为−15亿美元的谷底，之后都出现了反弹。2020年经常项目余额为−4亿美元（见表4−29）。

表4−29 2010~2020年萨尔瓦多经常项目余额

单位：十亿美元

年份	经常项目余额
2010	−0.5
2011	−1.1
2012	−1.2
2013	−1.5
2014	−1.2
2015	−0.8
2016	−0.6
2017	−0.5
2018	−1.2
2019	−0.6
2020	−0.4

资料来源：《萨尔瓦多——经常项目余额》，https：//cn.knoema.com/atlas/萨尔瓦多/经常项目余额。

二 金融

萨尔瓦多的金融系统是由独立的管理机构——金融系统监管局（Superintendencia del Sistema Financiero，SSF）负责管理，该机构有权批准和监管萨尔瓦多所有的金融机构。2011年，金融系统监管局与股票市场和养老金管理部门合并，组成了统一和独立的金融监管机构"萨尔瓦多金融监管局"（SVS）。中央银行负责规划金融体制、管理国际储备、管理支付系统和金融服务，并为进出口贸易提供相应的服务。萨尔瓦多银行业务以美元为主，利息和收费由市场决定。2021年6月9日，萨尔瓦多总统纳伊布·布克尔宣布，比特币法案已经获得萨尔瓦多国会的批准，萨尔瓦多正式成为世界上首个将比特币作为法定货币的国家。

1. 资本市场和管理

外资可以与本地资本一样进入萨尔瓦多的金融市场。根据萨尔瓦多法律，信用卡和贷款的最高利率是央行确定的实际加权平均数的1.6倍。

2014年7月31日，萨尔瓦多议会批准了《金融交易税法》（the Financial Transactions Tax Law），对许多金融交易，如电汇和支付在1000美元以上的交易，贷款和垫付款以及两个金融系统之间的交易征收0.25%的税。但有一些免税的条款，例如，终端信用卡支付，社会保险、养老金等，国家、非政府组织、外交官、国际组织等的支付，以及初级市场的股票交易等。设立这个税目的目的是从非正规金融行业获得收入，并扩大税基。

萨尔瓦多的证券交易开始于1992年，1994年出台的《证券市场法》确立了当今萨尔瓦多证券市场的框架。萨尔瓦多的证券交易在国有企业私有化和促进外国证券投资方面都发挥了重要作用。股票、政府和私人债券，以及其他金融工具按金融监管局的规范，在交易所进行交易。外国投资者可以购买证券市场上出售的股票、债券和其他金融产品，并可在金融监管局批准的范围内出售自己的产品。公司进行金融交易需要事先在国家商务注册登记中心办理注册手续。

2015~2016年，萨尔瓦多证券市场的日均交易额为1130万美元。国家监管的养老基金、萨尔瓦多保险公司、地方银行等都是萨尔瓦多证券交

易所里主要的交易者。①

2. 银行

萨尔瓦多银行业务以美元为主，利息和收费由市场决定。截至2020年3月，萨尔瓦多银行的总资产为200亿美元。2020年4月，达到了202亿美元。②根据萨尔瓦多银行法，外国银行与本国银行在萨尔瓦多享有同等待遇和服务。

在萨尔瓦多运营的银行主要有萨尔瓦多储蓄信贷合作社、萨尔瓦多农业银行、萨尔瓦多中央储备银行、中美洲经济一体化银行等。

3. 国际汇兑和侨汇

萨尔瓦多对投资商向海外汇出相关资金没有限制，外商可以自由汇款或将收益再投资、撤资或追加投资。1999年《投资法》允许版税和外国专利使用费、商标使用费、技术支持所得费，以及其他服务所得等费用自由汇出。2011年的税制改革，对股票投资利润征收5%的税。

2001年的《货币一体化法》确定了美元可以在萨尔瓦多全部交易中使用和流通。萨尔瓦多银行必须用美元开户。美元作为萨尔瓦多的流通货币方便了侨汇，2016年侨汇达到46亿美元。

萨尔瓦多对侨汇没有限制。但是为了加强管理，萨尔瓦多禁止使用匿名账户，并限制可疑的交易。2015年7月23日，萨尔瓦多颁布《监督规范金融机构法》，完善和强化了对侨汇的全面监管。③

4. 金融监管局

萨尔瓦多金融监管局是最为重要的金融专业管理机构，2011年成立，根据《金融体系监督管理法》，它是专业监督管理金融的机构，目的是要

---

① El Salvador Country Commercial Guide, El Salvador - 6 - Financial Sector, https：// www. export. gov/article? id = El-Salvador-Financial-Sector.

② Statista, Total Assets of Banks in El Salvador from September 2018 to May 2020 (in billion U. S. dollars), https：//lb - aps - frontend. statista. com/statistics/1130953/el - salvador - assets-banks/.

③ El Salvador Country Commercial Guide, El Salvador - 6 - Financial Sector, https：//www. export. gov/article? id = El-Salvador-Financial-Sector.

保持金融体系的稳定、高效和透明，确保所有行为符合规范。监督对象包括银行、合作社、保险公司、证券公司、股票交易所、养老金机构、金融集团、交易所，以及其他有关机构。

萨尔瓦多金融监管局的权力包括：第一，在法律赋予的权力范围内发布相关监管规定；第二，确定监管政策和标准；第三，直接对个人和集体成员依法进行监督；第四，负责专业监管相关机构的设立、运营及其活动；第五，了解金融系统内各机构内部政策方面的风险管理、行为准则和对外交易的规范性；第六，有权终止业务、撤销经营和关闭相关机构，并依法进行制裁。

第八节　对外经济关系

一　政策措施

1. 基本战略

1992年，萨尔瓦多国内战争结束后，为了恢复和发展经济，政府对经济进行了综合改革，重点通过贸易自由化振兴经济。萨尔瓦多的贸易政策主要由经济部负责，该部于1994年设立了贸易政策局负责制定、执行和审查贸易政策以及贸易协定谈判。其他政府有关部门提出的政策，如果影响贸易具体领域的其他政策，必须得到由总统、副总统、各部长和中央储备银行行长组成的经济委员会的批准。私营部门可以通过生产者团体和研究机构，向当地政府提供咨询意见。

萨尔瓦多采取了世界上较为流行的经济发展战略，即"进口替代"和"出口导向"。其前提就是要求国家经济逐步开放，因为这样的发展战略在实施过程中严重依赖对外的经济联系；同时，由于位于中美洲地区，萨尔瓦多一直受美国的影响，实行经济自由化和开放始终是地区经济发展的重要理念。萨尔瓦多逐渐形成贸易相对集中的国家和地区市场：美国，主要以农产品和服装为主；欧洲联盟（欧盟）地区，以农产品为主；中美洲国家，以工业品为主。萨尔瓦多形成贸易地区和国家相对集中的格局，可归因于以下三个要素。第一，萨尔瓦多受益于美国在加勒比地区倡导的免税贸易、欧盟根据普遍优惠制度实行的免税优惠；第二，自由贸易区的优惠贸易方案；第三，中美洲共同市场区域内贸易优惠政策。

此外，萨尔瓦多政府倡导贸易自由化的方针，并在加强海关现代化建设、促进进出口贸易通关便利化、完善技术性法规、增强政策措施的透明度、为国内外企业营造良好的竞争环境、推进政府采购的自由化等方面取得了较大进步。作为推进贸易自由化的重要一部分，萨尔瓦多政府还签署了贸易优惠协定，重视加深与中美洲诸国的贸易一体化进程。

自 1989 年以来，萨尔瓦多逐步降低关税。在 1989 年以前，萨尔瓦多的普通税率从 5% 到 290% 不等，之后为 1%~30%，其中关税高于 25% 的商品种类很少。尽管关税逐渐降低，但由于整个自由化进程和走私活动减少，征收的关税有所增加。萨尔瓦多于 1990 年对加入"关贸总协定"（GATT）的大部分关税进行了限制，并全面落实"乌拉圭回合谈判"所达成的共识，尽管税率"上限"仍为 40%，可大多数商品种类税率都远低于此。[①]

2. 参加重要经济合作机制

萨尔瓦多是中美洲最为开放的国家之一，积极参与和推进自由贸易。自 90 年代，萨尔瓦多实现了和平，经济发展的外向程度和开放速度都在中美洲地区领先，这也成为萨尔瓦多经济的一个特点。萨尔瓦多参加了美洲开发银行、中美洲经济一体化银行、中美洲共同市场、拉丁美洲经济体系、加勒比国家联盟等。萨尔瓦多是拉丁美洲一体化协会的观察员。

萨尔瓦多还是联合国拉丁美洲和加勒比经济委员会（ECLAC）、联合国粮食及农业组织（FAO）、国际农业发展基金（IFAD）、国际金融公司（IFC）、国际劳工组织（ILO）、联合国工业发展组织（UNIDO）等国际经济合作和协调组织的成员。

---

① El Salvador's Economic Stabilization and Reform Programmes Help Pave the Way towards New Growth, November 18, 1996, https：//www. wto. org/english/tratop ＿ e/tpr ＿ e/tp51 ＿ e. htm.

此外，萨尔瓦多还是国际货币基金组织、世界银行、世界贸易组织的成员。

二 对外贸易

对外贸易在萨尔瓦多经济中地位重要，占国内生产总值的一半以上。2022 年的进出口总额为 242.23 亿美元，为近十年来的最高值。

1. 进出口贸易总量

萨尔瓦多对外出口在 20 世纪 70 年代中后期出现了一个高峰，1979 年对外出口总额为 12.65 亿美元。之后，萨尔瓦多对外出口开始下滑，并在整个 80 年代都处于低位徘徊，基本稳定在 10 亿美元左右的水平。进入 90 年代之后，萨尔瓦多的对外出口出现了转机，从 1992 年开始增长，1994 年，对外出口总额达到 13.17 亿美元。此后，萨尔瓦多对外出口出现了一个黄金发展期，一直连续快速增长。2008 年，对外货物和服务出口总额达到了48.1 亿美元，1992~2008 年，萨尔瓦多出口年增长率都是两位数。2008 年国际金融危机发生后，萨尔瓦多也遭受严重打击，2009 年的对外出口总额下降了 12.35%。尽管如此，萨尔瓦多的对外出口在迅速恢复之后，仍然保持高速发展的势头，2010 年和 2011 年，萨尔瓦多的对外货物和服务出口总额均增长了约 18%。2017 年，萨尔瓦多的对外货物和服务出口总额为 72.2亿美元，2019 年约为 79.8 亿美元（见表 4-30）。

表 4-30　2009~2020 年萨尔瓦多货物和服务出口情况

单位：美元，%

年份	出口额	增长率
2009	4215791533	-12.35
2010	4971117953	17.92
2011	5878555806	18.25
2012	6110251639	3.94
2013	6536788799	6.98
2014	6620205985	1.28
2015	6914058468	4.44

年份	出口额	增长率
2016	6871196858	-0.62
2017	7224712453	5.14
2018	7564979852	4.71
2019	7981805463	5.51
2020	6290372786	-21.19

资料来源:《萨尔瓦多——货物与劳务输出(BoP)》,https://cn.knoema.com/atlas/萨尔瓦多/topics/对外贸易/出口/货物与劳务输出 BoP。

萨尔瓦多货物和服务进口与出口的情况有些类似,也是在 1979 年达到了一个高峰,总额为 12.55 亿美元。其后,尽管货物和服务进口总额也有过下降,但是基本保持平稳,而且在 1988 年超过了 1979 年的水平,达到了 13.1 亿美元。此后,也是高速发展至 2008 年。2008 年萨尔瓦多货物和服务进口总额接近 97 亿美元。国际金融危机对萨尔瓦多进口贸易的打击是致命的,2009 年进口总额下降约 1/4,仅为 74.14 亿美元。萨尔瓦多的进口贸易在 2010~2011 年连续两年实现两位数的增长,不仅恢复了元气,年出口总额还突破了 100 亿美元。2014~2016 年,萨尔瓦多的进口遭遇了少见的 3 年连续下降,直到 2017 年,进口才回归正轨,增长了 5.77%,达到 113.36 亿美元。2020 年,萨尔瓦多进口总额为 108.16 亿美元(见表 4-31)。

表 4-31 2009~2020 年萨尔瓦多货物和服务进口情况

单位:美元,%

年份	进口额	增长率
2009	7413848783	-23.57
2010	8595024121	15.93
2011	10201664566	18.69
2012	10495794652	2.88
2013	11155198953	6.28

续表

年份	进口额	增长率
2014	11038774822	-1.04
2015	10925078972	-1.03
2016	10717286435	-1.90
2017	11336179943	5.77
2018	12323286065	8.71
2019	12453415610	1.06
2020	10815550558	-13.15

资料来源：《萨尔瓦多——货物与劳务引进（BoP）》，https：//cn.knoema.com/atlas/萨尔瓦多/topics/对外贸易/进口/货物与劳务引进 BoP。

萨尔瓦多的对外贸易长期处于逆差状态，而且逆差的额度相对比较大。2017 年的贸易逆差超过 40 亿美元，几乎相当于当年出口额的 60%。2019 年 2 月，萨尔瓦多的贸易赤字达到了 4.3 亿美元。2020 年，萨尔瓦多的贸易赤字约为 45 亿美元。

2. 主要进出口商品

目前，萨尔瓦多出口主要以制成品为主，其中最重要的产品是纺织品和服装，2017 年出口额占萨尔瓦多出口总额的 1/3；塑料制品和电子设备分别列第二、第三位。此外，糖、纸及纸板纸浆和石油及其制品等也是萨尔瓦多重要的出口商品。2019 年，萨尔瓦多主要出口产品包括咖啡、糖、纺织品和服装、黄金、乙醇、化工产品、钢铁等。

2017 年以来，萨尔瓦多的主要进口商品有石油、电子产品和机械，分别居当年萨尔瓦多进口总额的前三位。这些进口商品主要用于国内的社会生活和制造业生产。此外，塑料制品、车辆也是萨尔瓦多长期进口的主要商品。

3. 主要贸易伙伴

美国和中美洲其他国家一直是萨尔瓦多重要的贸易伙伴（见表 4-32）。

表 4-32 2021 年萨尔瓦多出口前十位国家

单位：百万美元

位次	国 家	出口额
1	美 国	2640
2	危地马拉	1150
3	洪都拉斯	1090
4	尼加拉瓜	490.8
5	哥斯达黎加	279.67
6	墨西哥	140.53
7	巴拿马	124.35
8	多米尼加	111.58
9	韩 国	82.67
10	中 国	74.58

资料来源：*El Salvador Exports By Country*，https：//zh. tradingeconomics. com/el－salvador/exports－by－country。

2017 年，萨尔瓦多的出口主要集中在美洲，其中美国是其最大的出口市场，其次是中美洲邻国，然后是其他拉美国家，最后才是地区以外的国家。因此，区外贸易市场在萨尔瓦多对外贸易中的份额十分有限。2019 年，萨尔瓦多主要出口目的国及出口份额分别为：美国（41.9%）、危地马拉（16.0%）、洪都拉斯（15.9%）、尼加拉瓜（6.7%）、哥斯达黎加（4.5%）、墨西哥（2.5%）、巴拿马（2.1%）、多米尼加（1.8%）、加拿大（1.1%）、中国（0.9%）[1]。

萨尔瓦多的进口市场仍然以美国为主，中国为萨尔瓦多第二大进口国。萨尔瓦多的传统对外贸易在自由化和全球化的背景下，逐渐更加面向世界其他地区和国家。2019 年，萨尔瓦多的主要进口国及进口份额分别为：美国（30.4%）、中国（14.3%）、危地马拉（10.6%）、墨西哥（7.9%）、洪都拉斯（6.9%）、尼加拉瓜（3.1%）、哥斯达黎加

---

① 数据来源：萨尔瓦多中央银行。

（2.6%）、日本（2.1%）、韩国（1.9%）、西班牙（1.5%）。[①] 2021 年萨尔瓦多十大进口来源国见表 4-33。

表 4-33　2021 年萨尔瓦多十大进口来源国

单位：百万美元

位次	国　家	进口额
1	美　国	4100
2	中　国	2530
3	危地马拉	1590
4	墨西哥	1230
5	洪都拉斯	881.24
6	尼加拉瓜	452.95
7	哥斯达黎加	375.87
8	韩　国	367.88
9	日　本	311.24
10	西班牙	251.47

资料来源：*El Salvador Imports By Country*，https：//zh. tradingeconomics. com/el - salvador/imports-by-country。

三　外国投资

2017 年，外国直接投资流入萨尔瓦多出现一个高潮，相比 2016 年的外国直接投资 3.47 亿美元，增加了 1 倍多（见表 4-34）。加上投入萨尔瓦多股市的外资，2017 年进入萨尔瓦多的外资占萨尔瓦多经常项目赤字的 1/3。其中，美国是最大的投资者，投资额占外来投资的 1/3。其次是墨西哥。纺织业是外资投入最为集中的行业。此外，电子行业、旅游业和通信行业也是外资关注的行业。萨尔瓦多有 9 个自由贸易区，鼓励外资在那里投资纺织业。萨尔瓦多还建立了出口加工区（EPZ），利用其

---

① 数据来源：萨尔瓦多中央银行。

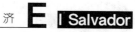

进入美国市场的便利吸引外国投资。2018 年，美国在萨尔瓦多的投资达到了 4.5 亿美元。①

表 4-34　2015~2020 年萨尔瓦多的外国直接投资

外国直接投资	2015	2016	2017	2018	2019	2020
流入（百万美元）	397	347	889	826	636	200
投入股市（百万美元）	8971.8	9046.7	9602.8	—	—	10075.0

资料来源：UNCTAD，World Investment Report 2021，https：//unctad.org/system/files/official-document/wir2021_ en.pdf。

2020 年，萨尔瓦多吸引的外国直接投资总额已达 102.75 亿美元。萨尔瓦多外国直接投资的增长，主要是因为投资条件改善，投资回报率提高，外资在税收方面得到更多优惠。

1. 税率

萨尔瓦多实行属地税收制度，根据该制度，所得税仅对源自萨尔瓦多的收入征收。

萨尔瓦多税种按征收对象分公司所得税及个人所得税。公司应纳所得税额主要指按公司在萨尔瓦多经营活动中所获利润征收的。应税收入是通过从总收入中扣除所有必要的成本和费用，以及法律规定的其他具体扣除额来确定的。某些收入是免税的。例如，根据《国际服务法》和在自由贸易区经营的公司，可以获得奖励和豁免。

主要税种及税率如下。

增值税为 13%，商品或服务的出口税为 0。

公司税为 30%。

交易税：对于超过 1000 美元的交易，以 0.25% 的税率对签发支票和电汇征收金融交易税。

现金存款/取款预扣税：根据规定，银行必须对每次存款/取款预扣

①　El Salvador：Foreign Investment，https：//en.portal.santandertrade.com/establish-overseas/el-salvador/investing-3.

0.25%的税，如果总金额超过 5000 美元，则按月预扣。

转让税：对于超过 28571 美元的不动产转让，需对不动产征收 3% 的税。

此外，萨尔瓦多对于税务稽查，也有较为明确的规定。在企业合规方面，税务部门将会对逾期申报、未申报、少报或避税、逃税行为进行处罚。

对有直接利益交易的税务结果，纳税人可以要求相关部门做出具有约束力的裁决。

萨尔瓦多的税务备案要求，年度所得税申报表必须在应纳税年度次年的 4 月 30 日之前提交。

2. 开办公司程序

在萨尔瓦多开办公司相对比在拉美和加勒比地区其他国家便捷。开办公司需要经过 8 道程序，而拉美和加勒比地区其他国家平均需要 8.3 道程序。

在萨尔瓦多开办公司之后，公司运营需要缴纳税收 41 项，不仅比欧美发达国家要多，也比拉美和加勒比地区国家的平均税种数要多；各种行政审批时间则介于美国、德国等发达国家与拉美和加勒比地区国家之间；税收在公司利润中的占比只有 38.8%，不仅比拉美和加勒比地区国家平均值低，甚至比美国和德国等发达国家也低（见表 4-35）。

表 4-35　萨尔瓦多开办公司行政审批和税收比例情况及与其他国家、地区比较

	萨尔瓦多	拉美和加勒比地区	美国	德国
行政审批时间（小时）	248.0	342.6	175.0	218.0
利润中的税收比例（%）	38.8	46.3	44.0	48.9

资料来源：Doing Business。

3. 与投资相关的法规

（1）透明度监管制度

萨尔瓦多的法规相对透明和全面，有利于竞争。除了上述税收管理和审批程序，还有电力和通信方面的规范。电子和通信监管局（SIGET）负

责管理电价、通信和频道分配。2003 年，萨尔瓦多政府修改了 1996 年制定的《电力法》，保证零售电价的稳定，鼓励新的投资。这样的改革使电子和通信监管局于 2011 年开始实施基于成本的电力价格模式，有利于与外资长期的合作。

（2）国际化管理

萨尔瓦多是中美洲共同市场和中美洲一体化体系的成员，这些地区合作机制有协调一致的关税标准和通关程序。一般来说，萨尔瓦多遵从国际标准，例如，将"泛美标准委员会"的相关标准引入国内实施。在新的法律提出或政府部门出台规定时，政府会成立专门的委员会听取各方意见。如果新的法律法规不符合中美洲各国合作的规定和 WTO 的规定，相关公司可以申诉。

萨尔瓦多是联合国贸易和发展会议下属"透明投资程序国际网络"的成员。外国和本国的投资者可以查到具体投资信息，以及产生收益后的相关管理程序，包括名称、主管人和单位的具体信息、所需文件和条件、成本、审议时间、程序适用的法律依据等。会计制度也与国际标准一致。

（3）法律制度和司法独立

萨尔瓦多有专门的商业法院解决商业纠纷。所有文件都可以进行电子注册。萨尔瓦多经济社会发展基金会（FUSADES）作为智库和研究机构，在政府和投资者之间进行协调。

（4）外国直接投资的程序

萨尔瓦多经济部专门的网站（Miempresa）负责发布萨尔瓦多商业和投资信息。在这个网站上，投资者可以查找到劳工部、社会保障机构、养老金管理委员会，以及其他一些市政部门发布的投资信息，并得到它们的帮助，注册新公司，申请税号/卡，并完成一些行政程序。

萨尔瓦多出口和投资促进局（PROESA）是加大吸引国内外私人投资的专门机构，促进货物和服务出口，评估和监督商业环境，落实投资和出口政策，并为投资者提供直接的技术援助。

（5）竞争和反托拉斯法

《竞争法》于 2016 年实施，是按国际标准制定的法律。

（6）征用和补偿

宪法允许政府为了公共需求和社会利益征用私有财产，政府可在征用之前或之后进行补偿。

（7）争端解决

萨尔瓦多《投资法》于1999年制定，其修正案第15条专门规定了有关投资争端的解决程序。2002年出台了新的《调解、和解与仲裁法》。

（8）破产规定

《商法典》和《银行法》都有关于破产的规定。[①]

---

① El Salvador Country Commercial Guide El Salvador – 3 – Legal Regime，https：//www.export.gov/article？id＝El-Salvador-Legal-Regime.

第五章

军　事

第一节　概况

　　萨尔瓦多武装部队是根据萨尔瓦多宪法建立的组织，负责保卫国家主权和领土完整；维护国内和平、稳定及公共安全；保证宪法及其他现行法律法规的顺利执行。

一　建军简史

　　萨尔瓦多武装部队由曼努埃尔·何塞·阿尔塞上校于 1824 年建立，整合了圣萨尔瓦多和松索纳特大区下辖的各省原有的地方武装力量，并将这支新的武装部队命名为"萨尔瓦多自由军团"。这也是萨尔瓦多军队的前身。曼努埃尔·何塞·阿尔塞上校成为萨尔瓦多武装部队的第一位总司令。

　　1929 年，由于国际市场咖啡价格不断下降，主要依赖咖啡种植、出口的萨尔瓦多经济出现严重的危机，国内政局也开始动荡。1931 年，马克西米利亚诺·埃尔南德斯·马丁内斯将军发动军事政变，推翻民选总统阿尔图罗·阿拉霍（Arturo Araujo），开启了萨尔瓦多长达 40 多年的军事独裁统治时期。

　　在亲美军事独裁政府统治期间，国家政治权力和经济命脉掌握在少数人的手中，他们占有萨尔瓦多绝大多数的土地和国家大部分的财富（10% 的人口占据着全国 80% 的财富）；而广大民众则生活极为贫困。1969 年发生于萨尔瓦多和邻国洪都拉斯间的"足球战争",导致大量的长期居住在洪都拉斯的萨尔瓦多人回国,这加剧了社会的动荡和紧张局势。

20 世纪 70 年代,"法拉本多·马蒂人民解放军"、"人民革命军"、萨尔瓦多共产党(成立于 1930 年)等多个左派组织的出现及不断地壮大,加剧了与政府军的对抗,加快了萨尔瓦多社会的激进化进程。

1977 年,民族和解党(PCN)候选人卡洛斯·乌姆贝托·罗梅罗将军通过舞弊选举上台。由于社会矛盾日益尖锐,受到 1979 年 10 月尼加拉瓜革命胜利的影响,萨尔瓦多反政府游击队组织迅速发展,内战爆发。

1980 年 10 月,"法拉本多·马蒂人民解放军"、"全国抵抗武装力量"、"人民革命军"、中美洲劳工革命党、萨尔瓦多共产党联合组成反政府武装阵线,与受到美国支持的右翼军政府进行军事对抗。1992 年 1 月,在多方的协调与斡旋之下,反政府武装阵线与军政府在墨西哥查普特佩克签署了《巩固和平协定》,内战结束。自此,萨尔瓦多武装部队也完全改变了其原有的思想和政策,服从民主政府。

在内战期间,萨尔瓦多武装部队人数最多时达到 65000 人。世界银行的数据显示,2014 年之后萨尔瓦多武装部队人数保持在 4.1 万~4.2 万人,2019 年萨尔瓦多武装部队人员总数为 4.2 万人。在现役军人人数与国民比例方面,萨尔瓦多每一万名国民中有 38 名现役军人,仅次于委内瑞拉(118 人)、乌拉圭(65 人)、多米尼加(55 人)和哥伦比亚(54 人)。[①]

二 武装部队结构和体制

萨尔瓦多武装部队结构见图 5-1。

---

① RESDAL, *Atlas Comparativo de la Defensa en América Latina y Caribe-Edición 2016*, pp. 42–43.

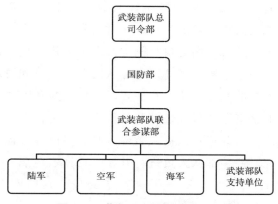

图5-1　萨尔瓦多武装部队结构

1. 武装部队总司令部

武装部队总司令部由作为总司令的共和国总统、国防部长及副部长以及联合参谋部的部长及副部长等人组成。

根据萨尔瓦多宪法，萨尔瓦多武装部队的总司令为总统。其职能是：组织武装部队，依法授予军衔；指挥武装部队来维护共和国主权、秩序、安全和稳定，除常备部队以外，也可调用其他必要力量来履行上述职责；指挥战争，保卫和平，以及迅速向立法机关提交缔结的和平协定并获得立法机关批准；履行宪法及其他法律赋予总统的各项职责，提供一切必需的条件保障武装部队的作战效率及拥有必要的物资和人力资源；任命、免除武装部队成员的职务，接受武装部队成员的辞职以及准许武装部队成员退役；根据相关法律，最终解决针对军事法庭判决的上诉；根据宪法所确立的方式，发布旨在组织国家防卫的法令、决议、命令和决策。

2. 国防部

国防部由国防部长、副部长、行政领导办公室、各部门负责人及工作人员组成。

根据《武装部队组织法》，国防部长具有以下职能：执行并与下属沟通共和国总统发布的法令、命令及决策；参加立法会回答质询；根据

共和国宪法，向立法机构提交国防领域的工作报告；提交国防预算草案；提交国防相关法律法规的草案；在讨论和分析与宪法赋予其的职责相关的国家安全问题时，面对执行机构及立法机构，代表武装部队的观点及利益；利用一切手段，提高武装部队的业务水平和行政效率；关注提升武装部队人员的社会地位，在必要时，促使共和国总统考虑国防相关法律和法规的草案；监督武装部队的行为和决定符合现行的宪法、法律法规及国家的国防政策；根据武装部队联合参谋部参谋长的建议，向共和国总统提请对武装部队人员进行升迁、任命、免职、派遣，并接受他们辞职和准许其退役；组建国家安全委员会；出席部长委员会的会议。

根据《武装部队组织法》，副部长具有以下职能：向国防部长提供国防方面的技术咨询；制定国防预算草案；代表国防部长出席活动。

3. 武装部队联合参谋部

武装部队联合参谋部的任务是指挥陆海空三军及武装部队支持单位，就所有与武装部队的使用和管理相关的内容向总司令部提供咨询意见。武装部队联合参谋部参谋长负责指挥武装部队的作战。

武装部队联合参谋部的主要职能有：执行共和国总统及国防部长发布的国防方面的指令、命令和指示，制订作战计划；评定武装部队联合参谋部人员、常规部队总参谋部人员及总监察部人员的工作；向国防部长提请对武装部队人员进行升迁、任命、免职、派遣，并接受其辞职。

根据《武装部队组织法》，武装部队联合参谋部副参谋长具有以下职能：协助武装部队联合参谋部参谋长制订国防计划；执行共和国总统及国防部长发布的国防方面的指令、命令，保持最新的作战计划；协调联合参谋部的活动与武装部队的管理；评估陆海空三军及武装部队支持单位的工作。

①咨询机构

参谋长联席会议是国防部的咨询机构。参谋长联席会议的任务是为国防部长提供技术方面的咨询，以便其制定军事政策、在保卫国家时决定如何使用军事力量；为武装部队战略计划的通过提供意见和建议，并确定最终目标。

该机构是由武装部队联合参谋长、陆军总参谋长、空军总参谋长、海军总参谋长及其他必要的顾问组成。

②辅助机构

武装部队总监察部作为辅助机构，其职责是对武装部队进行监管和监督。职能上隶属于国防部，作战时隶属于武装部队联合参谋部。

第二节　萨尔瓦多武装部队

一　陆军

陆军是萨尔瓦多武装部队最主要的一个军种，它的主要责任是进行地面作战。在萨尔瓦多的主要城市驻有步兵旅（3 个营），在稍小型城市配有 2 个营的小型军事分遣队。

萨尔瓦多陆军成立于 1824 年 5 月 7 日，现役人数为 16000 人，以"非赢即死"（vencer o morir）为口号。

1. 组织结构及驻军情况

萨尔瓦多全境被分为五个军区，其中第三军区是最大最为重要的军区。每个军区都拥有一支步兵旅。第三军区拥有两支步兵旅，即第三步兵旅及第六步兵旅。

第一军区：第一步兵旅（驻在圣萨尔瓦多）

第二军区：第二步兵旅（驻在圣安娜）

第三军区：第三步兵旅（驻在圣米格尔）及第六步兵旅（驻在乌苏卢坦）

第四军区：第四步兵旅（驻在查拉特南戈）

第五军区：第五步兵旅（驻在圣维森特）

此外，萨尔瓦多境内还有八支军事分遣队。

第一军事分遣队（驻在查拉特南戈）

第二军事分遣队（驻在森孙特佩克）（Sensuntepeque）

第三军事分遣队（驻在拉乌宁）（La Unión）

第四军事分遣队（驻在莫拉桑），为山地突击队的司令部所在地，该山地突击队也是萨尔瓦多陆军中的精英部队。

第五军事分遣队（驻在科胡特佩克）

第六军事分遣队（驻在松索纳特）

第七军事分遣队（驻在阿瓦查潘）

第八军事分遣队（驻在萨卡特科卢卡）（Zacatecoluca）

除上述部队以外，陆军还拥有以下部队：一支军事安全特别旅（包括两支军事警察部队和两个边境安全营）、一支工程兵团（包括两个工程兵营）、一支炮兵旅（包括两个炮兵场及两个炮兵营）、一支拥有两个营的机械化骑兵团、一支特种部队（包括一个伞兵营、一个特别行动小组及反恐部队）、一支军事卫生部队（分为中央军事医院、圣米格尔地区军事医院以及一个负责训练作战担架兵及其他从事军事卫生方面专业人员的军事卫生营）。

2. 军衔

萨尔瓦多陆军的军衔制度基本上遵循北约组织的军衔制度和划分。

二　空军

空军是萨尔瓦多武装部队常备军种之一。主要负责捍卫国家领空的主权及完整，支持地面部队完成相关的任务，维护国内和平，在发生灾害时提供救援等。主要驻地为伊洛潘戈空军基地。

萨尔瓦多空军成立于1923年3月20日。因此，3月20日被定为萨尔瓦多的空军日。目前，空军现役军人为4638人，储备人员为1872人，321人驾驶国家民航飞机。口号为"随时、随地"（A la hora y en cualquier lugar）。

1. 空军组成情况

萨尔瓦多空军拥有直升机中队、运输机中队、歼击机及轰炸机中队、库斯卡特兰飞行小队、空降兵部队及其他相关必要的设施。

（1）直升机中队

萨尔瓦多空军直升机中队主要的任务是在和平时期坚决执行宪法赋予武装部队的任务，坚决捍卫国家主权完整，一旦出现灾难和自然灾害，协助社会服务救援机构进行救援。

（2）运输机中队

运输机中队的成立要追溯到 1947 年，那一年萨尔瓦多空军第一次获得了 C-47 型运输机，登记为 FAS101 号。目前，运输机中队为执行宪法赋予的任务，保持常规训练，同时也最大限度地与其他各单位进行联合训练。

（3）歼击机及轰炸机中队

萨尔瓦多空军在建立之初即拥有歼击机及轰炸机中队。这是由于最初列装空军的飞机是第一次世界大战期间使用过的歼击机。1936 年组建了第一支歼击机中队，由三支飞行小队组成，每支飞行小队有 3 架飞机。歼击机中队第二次参与作战是在 1944 年 4 月 2 日反对埃尔南德斯·马丁内斯将军的暴动时期。之后，1945 年 6 月 10 日于反对萨尔瓦多·卡斯塔涅达将军的暴动中再次参与作战。但是直到 1969 年"足球战争"时，才以歼击机及轰炸机中队的名称参与作战。

（4）库斯卡特兰飞行小队

这支由萨尔瓦多杰出飞行员组成的飞行小队在 1960 年底中美洲的"航空表演"中亮相。创建的目的是在阅兵或是其他需要其出席的活动中代表萨尔瓦多空军，在表演中飞行员们需要在高速状态下完成具有艺术性的、精准的飞行。

（5）空降兵部队

空降兵部队的出现要追溯到 1963 年，当时主要是一家跳伞公司，由一群毕业于美国且专门教授突击课程、降落伞打包（索具）课程的官方及半官方人员以及跳伞教练组成。

空降兵部队的建立是两支空中运输中队融合的结果，这两支中队都是空军基地安全部队的一部分，他们的任务是为地面武装部队提供空中支持。目前，这支空降兵部队隶属于特种部队司令部。

除以上提到的部队，萨尔瓦多空军还拥有航空军事训练中心、军事航空学校、军事航空技术学校、物资和作战支持部队等。

2. 空军军衔

萨尔瓦多空军的军衔制度基本上遵循北约组织的军衔制度和划分。

三　海军

海军是萨尔瓦多武装部队常备军种之一。主要负责捍卫国家主权及领海的完整；支持地面部队完成相关的任务，帮助维护国内和平；在发生灾害时提供救援；等等。海军主要在本国领海及延伸大陆架 200 海里区域执行任务。主要驻地为位于拉乌宁的海军基地。

萨尔瓦多海军成立于 1952 年 10 月 12 日。目前，海军现役军人为 1300 人，储备人员为 1000 人，国家海岸民事巡航队人员为 1500 人。口号为"祖国、忠诚和勇敢"（patria，lealtad y valor）。

1. 海军基本情况

萨尔瓦多海军拥有一个培训军官和技术人员的培训中心，拥有 70 多艘各类型舰船。

海军通过海上巡逻，保护海洋资源，维护丰塞卡湾边界的主权以及渔民的生命安全。

2. 海军军衔

萨尔瓦多海军的军衔制度基本上遵循北约组织的军衔制度和划分。

四　武装部队支持单位

武装部队支持单位为武装部队执行任务提供支持，直接隶属于联合参谋部，分为以下单位。

军事理论及教育单位：主要负责根据联合参谋部发出的指令，组织、计划、安排和执行针对武装部队的教育政策、战略、计划和训练。培训专业军事人员，协调武装部队的学术活动。

物流支持单位：主要负责为武装部队提供生活和作战物资，提供和管理完成任务所必需的资源。必要的物流单位和机构是组成物流支持单位的主要部分。

军队卫生单位：为武装部队提供作战卫生服务支持，职责是组织和执行卫生辅助、供应、维护专门物资等活动，处理、管理物资以备随时使用。医疗中心、医疗卫生相关的教育中心都是军队卫生单位的重要组成部分。

军事安全特别行动队：该单位主要履行边境保护及军事警察的职责。军事警察是管理军事司法的辅助机构。边防部队、军警部队及其必要的支持机构都是组成军事安全特别行动队的重要单位。

人员招募及预备领导机构：主要负责为武装部队履行宪法赋予其的招募任务提供所必需的人力资源。

五 军费支出

2020 年，萨尔瓦多的军费支出为 3.7 亿美元，占 GDP 的 1.5%（见表 5-1）。[1] 自 2003 年起军费支出呈上升趋势。

表 5-1 1965~2020 年部分年份萨尔瓦多军费支出

单位：百万美元，%

年份	军费支出	军费支出占政府预算的比重	军费支出占 GDP 的比重
1965	6.5	—	0.74
1970	6.9	—	0.63
1975	15.8	—	0.83
1980	67.9	—	1.74
1985	152.8	—	6.59
1990	164.5	22.83	3.41
1995	104.8	7.48	1.18
2000	99.0	4.39	0.84
2001	134.0	5.95	1.09
2002	143.1	6.10	1.13

---

[1] RESDAL, *Atlas Comparativo de la Defensa en América Latina y Caribe-Edición 2016*, p. 10.

年份	军费支出	军费支出占政府预算的比重	军费支出占 GDP 的比重
2003	111. 4	4. 29	0. 84
2004	111. 2	4. 43	0. 81
2005	114. 3	4. 17	0. 78
2010	173. 1	4. 35	0. 94
2011	193. 5	4. 43	0. 95
2012	201. 4	4. 32	0. 94
2013	214. 3	4. 42	0. 98
2014	210. 4	4. 35	0. 93
2015	220. 5	4. 49	0. 95
2016	247. 1	4. 30	0. 92
2017	225. 1	4. 13	0. 90
2018	294. 6	4. 50	1. 10
2019	317. 2	4. 70	1. 20
2020	372. 3	4. 50	1. 50

注：1965~1989 年的军费支出占政府预算的比重不详。

资料来源：① El Salvador—Government Defence Expenditure, https：//countryeconomy.com/govern ment/expenditure/defence/el-salvador。

② 2018~2020 年数据来自世界银行网站。

六 国际军事合作

萨尔瓦多武装部队与美国有着密切的联系，与美国在多个地区军事组织中保持着合作的关系。

1. 美洲国家间空军合作体系（Sistema de Cooperación entre las Fuerzas Aéreas Americanas，SICOFAA）

该组织建立于 1961 年，是一个在美洲国家空军之间寻求合作的体系。根据该组织《2012~2027 年战略计划》，各成员要在人道主义援助方面加强战略合作。

该组织成员包括阿根廷、玻利维亚、巴西、加拿大、智利、哥伦比亚、厄瓜多尔、萨尔瓦多、美国、危地马拉、洪都拉斯、尼加拉瓜、巴拿马（国家航空服务）、巴拉圭、秘鲁、多米尼加、乌拉圭和委内瑞拉。观察员有伯利兹、哥斯达黎加（空中监视服务）、圭亚那、海地、牙买加和墨西哥。

2. 美洲国家间海军会议（Conferencias Navales Interamericanas，CNI）

建立于 1959 年，每两年举行一次会议。它的目的是研究共同的海军问题，促进专业人员长期稳定的联系。

成员包括阿根廷、玻利维亚、巴西、加拿大、智利、哥伦比亚、厄瓜多尔、萨尔瓦多、美国、危地马拉、洪都拉斯、墨西哥、尼加拉瓜、巴拿马、巴拉圭、秘鲁、多米尼加、乌拉圭和委内瑞拉。

3. 美洲海军陆战队领导人会议（Conferencia de Líderes de Infanterías de Marina de las Américas）

该会议每两年举行一次。参与国有阿根廷、玻利维亚、巴西、加拿大、智利、哥伦比亚、萨尔瓦多、美国、危地马拉、海地、洪都拉斯、尼加拉瓜、巴拿马、秘鲁、多米尼加和乌拉圭。荷兰和法国为该会议的观察员。

4. 中美洲国家武装部队会议（Conferencia de las Fuerzas Armadas Centroamericanas，CFAC）

最初于 1997 年作为论坛举行，目的在于持续和系统地促进中美洲国家武装部队之间的合作和相互支持。

成员国为萨尔瓦多、危地马拉、洪都拉斯、尼加拉瓜和多米尼加。

第六章

社会与文化

第一节　社会

一　国民生活

萨尔瓦多是一个以工业和商业为经济基础的发展中国家，国家的社会保障水平有待完善。经济社会发展并不均衡，存在阶层、性别、行业等领域的差别。

1. 就业与收入

萨尔瓦多主要就业岗位集中在商业和服务业，国家城市化率较高，城市是就业岗位较为集中的地区。在国家劳动人口中，非正规就业的比例较高。国家劳动人口具有年轻化的特点，但存在受教育水平偏低、就业稳定性不足等问题。2019年，萨尔瓦多劳动人口占总人口的58.2%，非正规就业率为43.1%，失业率为6.3%。新冠疫情发生后，萨尔瓦多岗位供给进一步萎缩，就业率走低。

萨尔瓦多属于中等偏低收入国家。2019年，萨尔瓦多按当前价格计算的人均收入为4187.25美元。

新冠疫情对萨尔瓦多个人生活和家庭收入产生了较大的冲击。尽管萨尔瓦多迅速采取了强有力的疫情防控措施，以及强有力的财政应对措施以降低疫情对家庭和企业的影响，但疫情对经济造成沉重打击，2020年GDP下降超过8%，直接导致贫困人口的持续增加。2019~2020年，贫困

人口增加了 4.6%。① 根据美洲开发银行（IDB）的报告《不平等和社会不满：如何从公共政策中解决这些问题》，2021 年，萨尔瓦多贫困率上升至 35.9%，基尼系数从 0.38 增加到 0.39。

2. 社会保障与福利

在社会保障方面，萨尔瓦多制定了相关法律，旨在保护不同社会群体在工作和社会生活中的权利。20 世纪初，随着城市经济的不断发展，社会服务需求不断增长。总的来说，美国宪法对萨尔瓦多的社会保障制度建立的理念影响颇深。在其 1962 年宪法中，规定的社会保障相关原则，借鉴了美国的相关理念。它规定：社会保障是必要的国家公共服务，其范围和方式应遵循平等和全面的原则。国家和雇主在法律规定下，应为劳务人员提供有利于他们的社会保障。②

1911 年，萨尔瓦多制定了首部社会保障相关法律《工伤事故法》，标志着该国社会保障体系的建立。此后，社会保障立法体系不断完善。1927年，颁布《商业雇员保护法》。1930 年，颁布《养老金和退休金法》。1931 年，颁布《军人抚恤金法》。1949 年，颁布《社会保障法》。1953年，萨尔瓦多立法部门根据 1950 年宪法第 186 条，颁布新的《社会保障法》。1956 年，颁布《职业风险法》，取代了 1911 年的《工伤事故法》。1974 年，颁布《公务员退休法》。1975 年，颁布《国家公职人员养老金法》。1980 年，颁布《武装部队社会福利法》。1996 年，颁布《养老金储蓄制度法》。萨尔瓦多的社会保障通过制定法律不断发展、完善。法律依据不同受保护主体制定，包括不同的社会人群或特定部门的工作人员。

国家的养老金储蓄管理体系，主要由两部分构成：养老金储蓄体系以及国家公共职务人员养老金体系。根据供职部门差异，公民参加工作后，法律强制其加入上述两大体系之一。《养老金体系法》和《国家公共职务人员养老金体系法》是两大体系的法律依据。两法主要规定了工伤、养老及死亡的相关制度，区别是参保主体任职部门不同。根据上述两法，萨尔瓦多分

---

① https：//www. bancomundial. org/es/country/elsalvador/overview#3.

② https：//1library. co/article/seguridad－social－salvador－seguridad－social. q0e0e7ly.

别设立社会保障所和国家公共职务人员养老所。此外，萨尔瓦多制定了《临时养老金体系法令》及相关条款，以补充、完善萨尔瓦多的社会保障服务。

3. 移民

移民在萨尔瓦多并非一个新现象，具有在历史上以移入移民为主及当代以移出移民居多的特点。移民对国家的经济、社会发展影响较深。

历史上，萨尔瓦多是一个以移入移民为主的国家。同多数拉美国家的移民历史相似，在1492年哥伦布到达美洲后，萨尔瓦多是重要的移民移入地。大量西班牙移民在西班牙殖民时期进入萨尔瓦多。也有部分移民通过墨西哥中转来到萨尔瓦多。此外，在随后的殖民种植园经济发展时期，萨尔瓦多接收了部分非洲裔奴隶。在19~20世纪时期，移入萨尔瓦多的移民按规模依次来自西班牙、意大利、中东、中欧、亚洲和西语美洲以及北美。这为萨尔瓦多带来了人口的繁盛与增长。2000年以来，萨尔瓦多的移入人口以来自中美洲国家为主，包括洪都拉斯、危地马拉、尼加拉瓜。这主要因为萨尔瓦多采取了美元化政策。

20世纪80年代，由于当时国内战乱，很多人选择逃离家园。战争结束后，为帮助家庭摆脱贫困，相当数量的萨尔瓦多人选择出国发展。2001~2010年，移民的主要原因是萨尔瓦多就业岗位不足且工资过低。2011年至今，移民的主要原因为家庭团聚。

萨尔瓦多有大量海外移民。据统计在萨尔瓦多本土公民中，超过75%的人至少拥有一个海外亲戚（包括近亲和远亲）。大规模移民的主要原因在于国内长期的社会动荡且国家经济发展缓慢。萨尔瓦多移民人口难以统计，因为在合法移民外，许多人以不受管制的方式迁移，官方难以统计这部分移民的规模。移民的主要对象国为美国。据估计，萨尔瓦多总计有约290万人口居住在境外，其中250万人为登记居住在美国的移民。合法居住在美国的萨尔瓦多移民仅占萨尔瓦多在美移民总量的25%~35%。除美国外，萨尔瓦多移民还前往加拿大、危地马拉和其他国家。①

① 国际劳工组织，https：//www.ilo.org/wcmsp5/groups/public/－－－americas/－－－ro-lima/－－－sro-san_jose/documents/publication/wcms_831269.pdf。

2020 年，在海外移民中，约 50.33% 为女性。

萨尔瓦多海外移民每年为该国带来较大规模的侨汇收入。2020～2022 年，从居住国汇出的汇款，分别占萨尔瓦多 GDP 的 23.8%、25.4% 和 23.7%。

二　社会问题与社会治理

犯罪和暴力对萨尔瓦多的社会发展和经济增长构成威胁，也是许多萨尔瓦多人移民的主要原因之一。萨尔瓦多政府长期致力于减少社会暴力犯罪、在安全部门开展反腐败。2015～2020 年，凶杀率从每 10 万居民 103 起降至每 10 万居民 20 起，降至 20 多年来的最低水平，但与世界多数国家相比，仍然很高。

贫困率居高不下以及与贫困相关的问题长期困扰该国。在贫困方面，萨尔瓦多经历了贫困率长期的缓慢下降和短期的反弹。萨尔瓦多是中美洲小国，同时也是地区人口密度最大的国家之一。得益于经济连续的增长、2000～2020 年年均增长率为 3% 以及多届政府的减贫政策，萨尔瓦多的贫困与不平等现象有所改善。国家贫困率（按每人每天 5.5 美元以下为贫困标准计算），从 2007 年的 39% 下降到 2019 年的 22.3%。极端贫困（按每人每天 1.9 美元以下为极端贫困标准计算）也有所下降，从 1995 年的 13% 下降到 2019 年的 1.5%。萨尔瓦多实施了一系列社会政策，旨在促进贫困人口收入的增长、实现更为广泛的共同富裕。萨尔瓦多的基尼系数从 1998 年的 0.54 下降到 2019 年的 0.386。但是在拉美和加勒比地区国家中，萨尔瓦多仍是面临贫困的国家之一。

萨尔瓦多面临部分人口的权利保护不足的问题。在妇女权利方面，尽管立法取得了进展，但萨尔瓦多仍然是拉美和加勒比地区妇女被谋杀人数最多的国家之一。此外，萨尔瓦多和平协定签署 30 年后，美洲人权委员会（IACHR）认为应当保障武装冲突受害者获得真相、正义和全面赔偿的权利，并呼吁萨尔瓦多加强打击对当时所犯罪行有罪不罚的现象。

自然灾害也给国家社会治理带来风险。萨尔瓦多还面临发生地震和火山爆发等的风险，并且极易受到气候变化的影响，包括洪水、干旱和热带

风暴。自然灾害带来的财产损失及人员伤亡，是该国长期面临的挑战。加之贫困人口和弱势群体规模较大，自然灾害成为萨尔瓦多社会发展的最大不确定性因素。

三 医疗卫生

萨尔瓦多内战后，公共卫生服务长期供给不足。医疗卫生系统主要面临公共及私人投资不足的问题，这导致疾病控制和预防、初级保健服务特别不足。国家公共卫生服务覆盖率低、分散且缺乏统筹。药品价格偏高，基础医疗设施匮乏。自 2009 年以来，政府增加了公共卫生的预算支出，萨尔瓦多卫生部预算呈增长趋势，2005 年占 GDP 的 1.7%，2011 年这一比例为 2.4%。2010 年，包括私营部门在内的萨尔瓦多卫生系统覆盖了57.31%的人口。卫生领域仍面临人力资源不足、可用床位不足、转运不便和非正规就业不提供医疗保险等问题。

萨尔瓦多于 2010 年开始实施旨在扩大社会医疗保障的战略，政府提供的医疗公共服务在医疗可获性和医疗质量方面取得了进展，特别是在农村地区。

在萨尔瓦多，传染性疾病主要包括胃肠道疾病、下呼吸道感染以及登革热、基孔肯雅热等。三分之一的疾病是由环境卫生问题引起的，例如不卫生的水和空气污染。2014 年，卫生部登记了 15920 例登革热病例和168472 例基孔肯雅热病例。

近年来，萨尔瓦多实施了医疗改革，创建了社区卫生单位和社区卫生团队（ECOS），医疗服务更贴近社会各领域、各阶层人口，确保公民健康权益得到保障。此外，政府还批准建立了相关监督管理机构，环境和自然资源部（MARN）也不断采取措施，改善居住环境。

2019 年，萨尔瓦多人均预期寿命为 73.1 岁，人口增长率为 0.51%，在全球 189 个国家的人类发展指数排名中，列第 124 位。2018 年，人口出生率为 18.3‰，人均养育子女数量为 2.03 个。在萨尔瓦多，婴儿死亡率已经下降（2009 年为 21.5‰，2015 年为 14‰），5 岁以下儿童营养不良率也有所下降。

四　环境保护

1. 环境问题

由于特殊的气候条件，萨尔瓦多通常在 5 月到 10 月间为雨季，除常规降雨外，该时期有时会出现强风天气，从而带来山体滑坡、洪水等自然灾害。同时，萨尔瓦多也经常会出现一些海洋性自然灾害。在飓风出现的情况下，由于该地区的山脉因矿业受到了破坏，萨尔瓦多因而面临更多次生性地质灾害。此外，因为高度城市化与人口密度较大，萨尔瓦多还面临汽车尾气造成的空气重度污染、河流和湖泊因城市生活用水及工业废水排放导致的水污染问题。此外，在城市地区，居民面临着噪声过大的困扰，农村及山区则面临树木过度砍伐等问题。当前，国家经济社会的发展，尤其是因自然资源开发而产生的环境问题，是萨尔瓦多面临的主要环境挑战，其根本原因在于人类活动的日益频繁。

气候变化对萨尔瓦多人民的生活具有较大影响。降雨、干旱和洪水等自然灾害给农业和畜牧业造成了重大损失。根据美洲开发银行统计，自 20 世纪 90 年代以来，气候变化使萨尔瓦多经济损失了超过 22 亿美元。如果不立即采取行动，萨尔瓦多的 GDP 到 2030 年可能会进一步下降。

2. 环境管理与现状

萨尔瓦多环境保护相关立法主要包括《环境法总则》及《转基因生物安全管理特别规定》。同时，国家就基因与物种安全问题，颁布了《萨尔瓦多转基因生产程序规定》。萨尔瓦多积极参与国际环境保护领域事务，签订了《卡塔赫纳生物安全议定书》。该议定书旨在确保安全处理、运输和使用因现代技术改变基因而产生的活生物体，以避免可能对生物多样性产生不利影响，以及对人类健康造成潜在风险。该议定书于 2000 年 1 月 29 日获得通过，2003 年 9 月 11 日生效。

萨尔瓦多不断完善环境保护的立法。2022 年 5 月，萨尔瓦多环境和自然资源部部长向国家立法议会提交了一项改革环境法的提案，得到了萨尔瓦多总统的支持。该提案旨在加强对破坏环境行为的惩罚力度。

萨尔瓦多与其他国家和国际组织在环境领域保持合作。2016 年，萨

尔瓦多与西班牙国际合作署开展合作项目。该项目旨在为萨尔瓦多、危地马拉和尼加拉瓜三国的社区提供约 80000 美元的可持续发展援助。2022年，在联合国开发计划署（UNDP）的支持下，萨尔瓦多政府推出了以自然为本的气候变化适应项目。这个由应对气候变化领域基金资助的新项目，将提供应对极端天气、洪水和其他与气候变化相关问题及其影响的解决办法。同时，力求降低因这些气候变化问题加剧中美洲国家的贫困、营养不良和移民问题。

第二节 教育

一 简史

1832 年，萨尔瓦多开始普及基础教育，并在各省市设立小学，由市政府出资。公共教育委员会负责为新成立的小学提供教师。教学形式一直沿用英美兰卡斯特式互助教学。1841 年，萨尔瓦多建立大学，教育体系随之被划分为三个等级：基础教育、中等教育和高等教育。在 1886 年前，幼儿园不属于官方系统。1888 年，萨尔瓦多设立第一所师范学校。

为加强基础教育，第一届中美洲教育大会于 1893 年 12 月在危地马拉举行，旨在制定整体教育计划和方案，倡导以绘画、书法、体力劳动、农业和音乐等实证主义模式主导官方学习课程。该方案一直延续至 1940 年。

1938 年，在马丁内斯的独裁统治下，萨尔瓦多开始首次教育改革，改革只涉及基础教育。此次改革的重要内容包括：研究可持续性的教育方案和计划，教师可以根据所在地区的不同情况有针对地进行教学；对各学年课程内容进行相应调整；引入学前测试和心理测试，以便了解学生的学习能力。当时，教师的专业素质并不高，大部分教师都是凭经验教学。为克服教学缺陷，以及普及新的基础教育计划和方案，教师们还参加了暑期培训课程。此外，政府还在 1940 年对《师范学校计划》进行了修改，旨在壮大师资队伍。然而，此次改革并未将国家的经济和社会现实考虑进去。与此同时，师资力量匮乏问题无法在短时间内解决。

1968 年，萨尔瓦多教育体系再次发生重大变革，教育经历了一次重组。对于当时的萨尔瓦多政府来讲，发展公共教育极为重要。由于政府需要通过产业发展来拓展国内市场，拥有中等技术水平的劳动力成为刚需。此次改革将义务基础教育从 6 年提高到 9 年，中等学历实行多元化，并实施减少 14 岁以上文盲的战略。由于政府实施了大型的学校建设方案，民众的入学率和读写能力普遍有所提高。成年人识字率从 1930 年的 26.2% 上升到 1971 年的 59.7%。1980 年，只有 31% 的 10 岁及以上人口是文盲。新的教育结构旨在改变当时的社会状况，通过生产现代化等，来满足社会需求。然而，当时萨尔瓦多国内局势紧张，暴力活动频发，缺乏民主空间。此外，萨尔瓦多和洪都拉斯间的摩擦加剧，中美洲各国经济发展不均衡等国内外因素都不利于改革。此次教育改革恰在中美洲共同市场的尝试失败之后，国内产业不振，社会无法吸收专业技术人员。因此，失业率反而急剧攀升。

20 世纪 60 年代，由于军政府独裁统治，暴力事件不断发生，经济危机加剧。教师也受到影响，工资很低，工作不稳定。教育工作者被迫走上街头进行游行，他们认为只有通过团结和有组织的行动才能够实现自身的诉求，并在面对镇压和暴力时能够得到保护。1964 年 6 月 21 日，萨尔瓦多教育者协会成立。1968 年，萨尔瓦多教育者协会在部分工会组织的支持下，举行罢工。1971 年，教师再次走上街头，并得到了数以千计的工人、农民和学生的支持。他们之中的一些人加入了马解阵线，并参与了武装斗争。据萨尔瓦多教育者协会的统计，内战期间，有 376 名教师遇害，106 人失踪，约 500 人被囚禁。大学校园内发生各种镇压事件。1981 年，圣萨尔瓦多大学校长费利克斯·乌洛亚（Félix Ulloa）被暗杀。1989 年，中美洲大学的 6 位耶稣会人士遭到暗杀。

1978 年，国家预算中教育经费的占比为 23.15%（主要是致力于提高教育水平和用于工资支付），1980 年降至 3.6%，在内战结束时的 1992 年下降到 1.5%。这是由于政府将 40% 以上的预算分配给了国防部和公共安全部，这导致教育在各方面停滞不前。因此，文盲人数不断增加。1991年有约 1.1 万名教师失业。1980 年 877 所学校因被毁坏或放弃而关闭，

1542 名教师失业，10.7 万名学生失学。1987 年，另有 198 所学校关闭，24756 名学生失学。

20 世纪 70 年代，小学入学率上升到 90%。但 1976 年的一项研究表明，只有 34% 的学生达到了 9 年级，15% 的学生达到了 12 年级。基础教育分布不均衡，城市地区特别是圣萨尔瓦多市人口比农村地区人口受教育程度要高，大多数文盲人口居住在农村地区。1980 年，10 岁以上的农村人口中文盲占 40%，城市居民的这一比例为 25%。20 世纪 70 年代，农村适龄儿童入学率不足 2/3，城市适龄儿童入学率则在 90% 以上。农村儿童的初中入学率大约只有 8%，10~12 年级入学率约为 1%。妇女的文盲率是男性的两倍，接受高等教育的学生中女性约占 30%。

农村文盲率高的原因有几点。首先，农村教师和学校的数量严重不足，20 世纪 70 年代，全国只有 15% 的教师在农村服务。其次，虽然全国 64% 的小学设在农村，但中学只占 2%。农村学校只能容纳 43% 的农村学龄人口，约 70% 的农村小学只能提供 5 年级以下的教育。1976 年，农村地区的师生比是 1 比 60，城市师生比是 1 比 40。此外，农村的失学率也很高。大约 70% 的农村男性工作者在 15 岁以前就开始工作，有些在 10 岁或更早，因此他们在校学习时间只有 1~2 年。许多农村女孩很小就辍学，承担家务劳动。因此，1976 年农村学龄儿童中只有约 20% 的学生读到 6 年级，而读到 9 年级的只有 5.7%。

由于 20 世纪 80 年代的政治紧张局势，这一问题未得到根本改善。教师主要是女性，如果被认为是政治变革的支持者，就会受到威胁。教育部制定的一些国家教育计划已经认识到农村和城市教育的差距，但始终没有成功地把农村教育普及率提升到城市的程度。

1995 年，萨尔瓦多政府实施教育改革。2014 年 12 月，萨尔瓦多政府与美国国际开发署建立伙伴关系，希望完善国内高等教育机构的课程并进行教师培训。

二　教育体制

萨尔瓦多宪法规定，国家有义务满足公民受教育的权利。根据 1990

年《教育法》，在萨尔瓦多，学前教育和基础教育为免费义务教育。所有学校课程由教育部编制。在萨尔瓦多，学校分为公立和私立，私立学校也受教育部的管理。

萨尔瓦多教育遵循国家教育部规定的（1或2）-9-2-5教育体制，即1年或2年学前教育（幼儿园）、9年基础教育、2年中等教育和至少5年高等教育。其中，基础教育分为6年小学教育和3年初中教育。中等教育分为普通高中教育和中等专业技术教育（如会计、秘书、电工或计算机专业等）。

在萨尔瓦多，每个学年从1月开始，到11月结束，官方的小学入学年龄是7岁。2014年，萨尔瓦多共有147.1万名中小学学生。其中小学生约有85.9万名，初中生约有40.1万名，高中生约有21.1万名。正规小学年龄段的儿童失学率为5%，男女比例相同。

2020年，萨尔瓦多小学最高年级持续就学率为85%，虽然比历史最高的年份2009年的86%低了一个百分点，但是2010年以来的最高水平。

萨尔瓦多大学（UES）是该国最大（也是唯一）的公立大学。然而，由于时常举行抗议活动，停课不断。萨尔瓦多大学在圣萨尔瓦多有一个主校区，另有三个校区分别设立在圣安娜、圣米格尔和圣维森特。萨尔瓦多也有很多私立大学。

第三节　文学艺术

萨尔瓦多的文化是玛雅、伦卡、纳华、乌鲁阿等土著文化与西班牙殖民文化的融合。天主教在萨尔瓦多的文化中发挥了重要的作用。著名作家和诗人有弗朗西斯科·加维迪亚（Francisco Gavidia）、阿尔贝托·马斯费里尔（Alberto Masferrer）、克劳迪娅·拉斯（Claudia Lars）、阿尔弗雷多·埃斯皮诺（Alfredo Espino）、佩德罗·弗鲁瓦·里瓦斯（Pedro Geoffroy Rivas）和曼奥·阿尔盖塔（Manlio Argueta）、罗克·达尔东（Roque Dalton）等。

萨尔瓦多像中美洲其他国家一样，曾受西班牙殖民统治影响，信奉

天主教。与其他拉美国家相比，萨尔瓦多本土文化损失严重，土著文化和当地方言只在很小范围内使用。文学艺术和建筑风格都受到了欧洲的影响。

一　文学

在西班牙殖民统治时期，殖民者将伊比利亚半岛文学传到了美洲。然而，由于西方宗教的强行推广，所有的文学作品都要服务于宗教，文学的发展受限。当时，戏剧活动大量涌现，并在乡村和社区的庆祝活动中上演。但在殖民者定居点重要的大众娱乐活动，大部分作品以宗教为主题，这也是殖民统治者的重要治理手段。这一时期，值得一提的是在松索奈特担任市长的胡安·德·麦斯坦萨（Juan de Mestanza）的房子曾在塞万提斯（Miguel de Cervantes）的小说《帕尔纳索斯山之旅》（*El Viaje al Parnaso*）中被提及。胡安·德·迪奥斯·德尔·西德（Juan de Dios del Cid）编写的关于靛蓝工艺的手册，被认定为萨尔瓦多出版发行的第一部文学作品，出版时间据考证为 1641 年。征服者佩德罗·德·阿尔瓦拉多编写的《重大事件信件》（*Carta de Relación*），讲述了征服美洲的主要事件。

在西班牙殖民统治的最后几十年里，中美洲已经有相当多的世俗文化活动。大部分活动集中在危地马拉圣卡洛斯大学。在那里，受过教育的西班牙人后裔聚集在一起讨论和交流启蒙思想，促使更具政治性而非审美性的文学作品出现，主要为论辩性的散文，作品充分展示了作者们的智慧和对古典修辞的运用。曼努埃尔·阿吉拉尔（Manuel Aguilar，1750-1819）神父作为当时萨尔瓦多的一位重要人物，主张被压迫人民拥有反抗的权利。这在殖民统治者中引起轩然大波，他也因此遭到殖民政府的审查。何塞·西蒙·卡尼亚斯（José Simeón Cañas，1767-1838）神父曾于 1823 年在立法议会上就解放神学发表演讲。

1876 年，随着拉斐尔·扎尔迪瓦（Rafael Zaldívar）的声望扩大，自由主义者打败了保守派，萨尔瓦多自由主义文学也随之诞生。随着国家的独立，文学与民族主义的联系也越来越紧密。但同时，随着以咖啡为主要

产品的农业出口导向经济的发展，以及多次经济改革和结构调整，萨尔瓦多的土著文化认同感越来越低。

萨尔瓦多大学和国家图书馆分别建立于 1841 年和 1870 年。19 世纪末期，国家图书馆规模不断扩大，除了收藏之外，还赞助本地作家出版作品。萨尔瓦多半官方的语言学院于 1876 年在名义上成立，但直到 1914 年才开始运作。同时，主要围绕科学和文学的精英文化出现。成立于 1878 年的青年社区（La Juventud）尽管会员人数不多，但紧跟当时最新的科学和艺术趋势。这个时代许多重要的文学作品都具有科学性。在自然科学中，医生、人类学家大卫·华金·古斯曼（David Joaquín Guzmán）是一位重要人物，他是《萨尔瓦多国旗祝祷歌》（*la Oración a la Bandera Salvadoreña*）的作者。当时的精英阶层也很重视审美文化，特别是相关的文学。对于自由派精英来说，学习和熟悉欧洲文学（特别是法国文学）的最新趋势是一种时尚。这也促使诗人的社会地位得以提高，诗歌也成为国家文学的重要组成部分。

萨尔瓦多现代主义文学可追溯到对浪漫主义的抨击。19 世纪 70 年代，在萨尔瓦多定居的西班牙人费尔南多·维拉德（Fernando Velarde），因擅长创作梦幻而绚丽多彩的诗歌，遭到当地大部分青年作家的谴责。当时居住在圣萨尔瓦多的著名尼加拉瓜诗人鲁昂·达里奥（Rubén Darío，1867-1916）和弗朗西斯科·加维迪亚通过批评维拉德的诗歌，促进了法国诗歌模式的流行。弗朗西斯科·加维迪亚的作品在推广西方传统文学的同时，保留了萨尔瓦多的传统。这一时期的其他重要作家还包括文森特·阿科斯塔（Vicente Acosta）、胡安·何塞·贝尔纳（Juan José Bernal）、卡利克托·维拉多（Calixto Velado）和维克托·赫雷斯（Víctor Jerez）等。

在 20 世纪的前几十年，尽管新的文学趋势开始出现，但现代主义仍继续主宰萨尔瓦多文学。当时的曼努埃尔·恩里克·阿劳约总统因实行鼓励科学和艺术的政策而得到知识分子的支持。他试图为科学和文化发展奠定更强大的制度基础，并成立了国家历史和文学研究协会（Ateneo de El Salvador）。不过这一发展因他在 1913 年被暗杀而中断。当时的萨尔瓦多

文学过于注重修辞而缺乏反映国家新的政治现实的能力。这就导致各类描绘当地习俗和日常生活的作品，或讽刺性、分析性文章的兴盛。在这类作者中，较为著名的传统风俗类作家有何塞·玛丽亚·佩拉尔塔·拉各斯（José María Peralta Lagos，1873–1944），他是曼努埃尔·恩里克·阿劳约执政时期的战时部长，也是当时较受欢迎的论战型的社会讽刺作家。他的作品幽默地描绘了一些典型的当地生活。其他重要作家还有弗朗西斯科·埃雷拉·巴拉多（Francisco Herrera Velado）和阿尔韦托·里瓦斯·博尼利亚（Alberto Rivas Bonilla）。

当时，新闻业逐渐兴起，更多批判性文章开始出现，并促成了文学潮流的变化。例如，阿尔贝托·马斯费尔（Alberto Masferrer，1868–1932）撰写了许多政论文章。在这个时代最负盛名的作家是阿萨罗·安布罗比（Arturo Ambrogi，1885–1936），1917年出版的《比喻之书》（*El libro deltrópico*）收录了他的大部分文章。安布罗比的独创性在于他对萨尔瓦多传统的主题转换以及他对文学语言和白话方言的综合运用。

20世纪30年代早期，萨尔瓦多最著名的小说家是路易斯·萨尔瓦多·埃弗拉因·萨拉萨尔·阿鲁埃（Luis Salvador Efraín Salazar Arrué）。他的《泥土的故事》（*Cuentos de barro*）（1933年）被认为是萨尔瓦多最受欢迎的图书。该书语言朴实简洁，将乌托邦的概念、东方宗教和想象融入乡村生活中。

内战前夕，文学再次活跃起来。内战期间，著名的西巴尔巴（Xibalbá）文学圈出现。它由萨尔瓦多大学资助，是萨尔瓦多文学史上最重要的群体之一，也是内战中受影响最大的群体之一。在战争期间，几名成员被暗杀。当时较著名的作家包括阿米尔卡·科洛乔（Amilcar Colocho）、曼努埃尔·巴雷拉（Manuel Barrera）、奥托涅尔·格瓦拉（Otoniel Guevara）、路易斯·阿尔瓦伦加（Luis Alvarenga）、西尔维亚·埃琳娜·雷格拉多（Silvia Elena Regalado）、安东尼奥·卡斯亚（Antonio Casquín）、达戈贝托·塞戈维亚（Dagoberto Segovia）、豪尔赫·瓦加斯·门德斯（Jorge Vargas Méndez）、阿尔瓦罗·达里奥·拉腊（Álvaro Darío Lara）、爱娃·奥尔蒂斯（Eva Ortíz）、阿基米德·克鲁兹（Arquímides

Cruz)、埃内斯托·德拉斯（Ernesto Deras）等。

萨尔瓦多著名的诗人有阿尔弗雷多·埃斯皮诺和罗克·达尔东等。

阿尔弗雷多·埃斯皮诺（1900-1928），1900 年 1 月 8 日出生于阿瓦查潘。埃斯皮诺曾在萨尔瓦多大学法律和社会科学系学习法律，获博士学位。他是萨尔瓦多最著名的抒情诗人之一，一生共创作了 90 多首诗。1928 年 5 月 24 日不幸在圣萨尔瓦多去世。1930 年，他的父亲和其他萨尔瓦多热心人把他的诗汇编成诗集《悲伤的希卡拉斯》。该诗集受到萨尔瓦多社会各阶层人民的欢迎，阿尔弗雷多·埃斯皮诺也被誉为萨尔瓦多的"国家诗人"。

罗克·达尔东（1935-1975），萨尔瓦多革命诗人，出生于圣萨尔瓦多。达尔东先后在萨尔瓦多、智利和墨西哥的大学攻读法律和人类学，在校期间参加反对本国独裁统治的革命活动。他 22 岁加入萨尔瓦多共产党，积极投身推翻何塞·马利亚·莱姆斯军政府的斗争，1959 年被军事当局监禁。两年后获释，之后流亡危地马拉、墨西哥、古巴、捷克斯洛伐克和苏联。在古巴期间他创作了四部诗集，即《大海》（1962）、《轮到受伤害者了》（1962）、《证据》（1964）和《酒馆和其他地方》（1969）。此外，他还创作有《面孔上的窗口》（1961）、《诗篇》（1968）、《小小的地狱》（1970）、《地下诗篇》（1980）等诗集。达尔东具有很高的马列主义理论修养，他在国内时创建了萨尔瓦多最强大的游击队组织之一——人民革命军。在他从哈瓦那回国归队后，不幸于 1975 年 5 月 10 日被游击队内部的一个持不同观点的人打死。

二　音乐、舞蹈

在西班牙殖民者抵达前，萨尔瓦多的演奏乐器主要有鼓和长笛。西班牙人抵达后，萨尔瓦多的土著音乐又融入了欧洲古典乐。此外，萨尔瓦多还有用于庆祝圣诞节和其他节日的宗教（大部分是罗马天主教）歌曲。讽刺类和乡村抒情主题的音乐也很常见，这些音乐由木琴演奏。萨尔瓦多最著名的土著歌曲为《特波纳瓦斯特之舞》（*Danza del Teponahuaste*），但在殖民地时期，由于天主教的渗透，它被禁止传唱。

1926 年 3 月，萨尔瓦多第一家官方电台诞生，这是拉丁美洲出现的第四家电台，世界第六家电台。当时该电台被称为 AQM 电台，也就是现今的萨尔瓦多国家广播电台。当时电台播放墨西哥、古巴和哥伦比亚的音乐，这些音乐大多由木琴、小提琴、吉他和鼓所演奏，当时萨尔瓦多较为流行的音乐风格是探戈和萨尔萨。潘乔·拉腊（Pancho Lara）是萨尔瓦多著名的音乐家，他创作的歌曲《煤炭工》（*Carbonero*），被视为萨尔瓦多的第二国歌。

马林巴（Marimba）是萨尔瓦多传统的民间音乐，由非洲黑奴带到这里。1932 年的政变导致约 3 万人被屠杀，演奏该音乐的乐器马林巴木琴也遭到破坏，土著音乐和原始的马林巴都受到影响。20 世纪 50 年代末，马林巴在萨尔瓦多逐渐被摇滚替代。1990 年，土著音乐再次流行起来。早期的马林巴乐队是阿灵顿乐队，由弗朗西斯科·安东尼奥·贝尔特兰（Francisco Antonio Beltran）于 1917 年创立。他在 20 世纪 30 年代举行了世界巡演。

萨尔瓦多北部地区音乐受欧洲影响较大。

昌孔纳（Chanchona）是莫拉桑省北部地区的音乐，特点是用简洁的旋律描绘乡村生活和爱情。演奏乐器通常为低音提琴、吉他和小提琴。昌孔纳在萨尔瓦多东部地区也很受欢迎，通常会出现在庆典游行和宗教节日活动中。

在查拉特南戈的北部，一种流行的音乐形式和方丹戈式舞蹈被统称为 zafacaite。跳舞的时候舞者步伐既快又复杂，往往会使鞋子从脚上飞走。伴奏乐曲通常用吉他、手风琴和小提琴演奏，节奏明快。较为流行的舞蹈为《拉锯舞》（*La Raspa*）和《扬尘舞》（*El Levanta Polvo*）。

无论是在乡村还是在城市，游行乐队都是萨尔瓦多青年文化至关重要的一部分。萨尔瓦多游行乐队是萨尔瓦多文化和传统的代表，演奏音乐包括国歌和民乐。它也曾被称为战争乐队。在和平协议签署后，改名为和平乐队。在 2008 年和 2013 年新年期间，萨尔瓦多游行乐队还在美国帕萨迪纳举办玫瑰花车巡游等活动。

摇滚和说唱在萨尔瓦多是非常成熟的音乐形式。萨尔瓦多摇滚的历史可以追溯到内战之前，内战之后说唱类歌曲也开始流行起来。这类歌曲由在美国的萨尔瓦多流亡者和移民带回。较为著名的歌曲有华金·桑托斯（Joaquin Santos）的《不，先生》（*No Señor*）、弯曲的斯蒂洛乐队（Crooked Stilo）的《我的祖国》（*Mi Tierra*），以及蓝色编码乐队（Code Blue）的《挥洒热血》（*Blood Spilled*）。

传统舞蹈作为萨尔瓦多文化的组成部分，表现不同历史事件或乡村风俗，或者农民充实的农牧业活动。比较有代表性的有火牛舞（torito pinto）、圣米格尔省的狂欢节舞蹈（el carnaval de San Miguel）、煤炭工人舞蹈（carbonero）等。

苏克（El Xuc）是萨尔瓦多民间典型的舞蹈，由帕基托·帕拉维奇尼（Paquito Palaviccini）与乌戈·帕拉莱斯（Hugo Parrales）于 1942 年在库斯卡特兰省为了纪念甘蔗节而联合创作。

三　美术

胡安·弗朗西斯科·温斯莱斯·西斯内罗斯（Juan Francisco Wenceslao Cisneros，1823–1878）被视为萨尔瓦多第一位画家。由于萨尔瓦多没有艺术方面的教育机构，他赴法国学习艺术。1853 年，他前往罗马，受委托复制经典画作。随后，他定居古巴，并于 1895 年任职于哈瓦那圣亚历杭德罗国家艺术学院，其作品在当地受到广泛关注。他还将人体模特和艺术史理论引入该国，并开展了一系列艺术活动。1878 年，他在哈瓦那去世。

卡洛斯·阿尔贝托·艾美易（Carlos Alberto Imery，1879–1949）是萨尔瓦多画家和平面造型艺术教授。1912 年，他得到曼努埃尔·恩里克·阿劳约总统的支持，创立了设计和绘画学校，该校于 1913 年 9 月 15 日由卡洛斯·梅伦德斯（Carlos Meléndez）正式更名为平面设计艺术国立学校，艾美易出任校长。他不是多产的画家，其作品主要以玉米、农民、火山、戴面具的男孩和墓地等为主题。

费尔南多·洛尔特·乔西（Fernando Llort Choussy）1949 年 4 月 7 日出生于圣萨尔瓦多，是世界公认的萨尔瓦多艺术家，被称为"萨尔瓦多国家艺术家"。他以教授查拉特南戈的居民如何通过艺术谋生而闻名，其艺术风格多姿多彩且充满童趣，其地位可与琼·米罗（Joan Miró）和巴勃罗·毕加索（Pablo Picasso）相媲美。他的抽象艺术作品在世界得到认可。洛尔特曾就读于萨尔瓦多大学建筑学专业，于1968年赴法国深造。之后，他又在比利时鲁汶大学学习神学。受此影响，他的画作中经常出现宗教饰物。他还曾在美国路易斯安那州立大学学习艺术。回到萨尔瓦多之后，为躲避内战，洛尔特和其他年轻艺术家在1971年搬到萨尔瓦多北部地区靠近洪都拉斯边境的拉帕尔马镇。每天与大自然和当地居民的接触对其艺术创作产生极大影响。1977年，第一家名为上帝的种子（Semilla de Dios）的工作坊成立，它为人们提供了学习和发展技能的机会。随后，更多工作坊成立，为小镇增添了艺术氛围。现今，拉帕尔马以其本地艺术家和手工艺工匠而闻名。洛尔特和来自圣萨尔瓦多的其他艺术家被公认为该镇手工艺术的创始人，为农民学习艺术提供了机会，帮助他们找到务农以外的收入来源。他于1980年离开拉帕尔马，搬回圣萨尔瓦多，但仍保持与山区人民的联系。

帕斯卡西奥·冈萨雷斯·埃拉佐（Pascasio Gonzàlez Erazo，1848-1917）是萨尔瓦多画家、建筑师和雕塑家，其作品被视为萨尔瓦多雕塑艺术的里程碑。他的作品风格受殖民统治时期的传统巴洛克和之后的新古典主义的影响。他的很多作品是直接雕刻在木材上的，他被认为是该国第一位古典风格雕塑艺术家，他的雕塑作品《采矿者》（Minerva）是第一个非宗教内容的雕塑，与以前的雕塑作品形成鲜明对比。他较为著名的画作有油画《窗口》（La Ventana）。目前，他的大部分作品被收藏于星期二博物馆（el museo MARTE）和萨尔瓦多国家宫。

安娜·玛丽亚·阿维莱斯·德·马丁内斯（Ana María Avilés de Martínez，1937年5月28日至2012年12月17日）是该国著名画家，曾获得多项国内外奖项，她的作品超越了地域的限制，画作在意大利和美国受到欢迎。代表画作有《橘子们的舞台》（Teatro de Naranjas，1991）等。

四　文化设施

艺术博物馆（Museo de Arte）位于萨尔瓦多首都革命大道。它成立于

2003 年 5 月 22 日，是私营非营利性博物馆，由萨尔瓦多艺术博物馆协会管理，是圣萨尔瓦多市最重要的博物馆。它收藏有 19 世纪中期到当代，特别是 20 世纪萨尔瓦多的艺术品。这里时常举办国际艺术作品展览，包括伦勃朗和毕加索作品展。

萨尔瓦多革命博物馆（Museo de la Revolución Salvadoreña）主要用于纪念萨尔瓦多内战历史，展品时间跨度为 1980~1992 年。博物馆位于萨尔瓦多莫拉桑省，这个地区在内战期间是法拉本多·马蒂民族解放阵线的根据地。该馆较突出的展品包括马解阵线的"胜利广播电台"，以及在战争年代使用的武器，还有一架被击落的军事领导人多明戈·蒙特罗萨·巴里奥斯（Domingo Monterrosa Barrios）中校乘坐的直升机。除此以外，该馆还有一个由一枚 500 磅（230 公斤）美制炸弹造成的大坑。在馆内负责讲解的是前游击队成员。

大卫·古斯曼博士人类学国家博物馆（Museo Nacional de Antropología Dr. David J. Guzman）位于萨尔瓦多首都革命大道，是萨尔瓦多文化秘书处的一个附属机构，成立于 1883 年 10 月 9 日。该博物馆收藏了一大批自西班牙殖民前到当代的民族和历史文物，以及生物学和地质学相关的展品，如古代工具、武器、陶器等，展现了当地土著人的生活状态，以及该国早期农业发展和贸易情况。

其他博物馆还包括儿童博物馆、文字和图像博物馆、和平艺术中心、艺术品展览馆、西部地区博物馆等。

第四节　体育

1968 年，萨尔瓦多首次参加了在墨西哥城举行的夏季奥运会。自那时起，除了 1976 年和 1980 年，萨尔瓦多都派遣运动员参加夏季奥运会，但从未参加过冬季奥运会。2016 年，该国运动员代表国家参加了巴西里约热内卢奥运会 13 项运动的比赛，参赛运动员共 118 名，游泳（28 名运动员）和田径（27 名运动员）参赛人数较多。萨尔瓦多参加因疫情推迟到 2021 年举办的第 32 届东京奥运会。萨尔瓦多奥委会创建于 1925 年，

1938 年获得国际奥委会的认可。萨尔瓦多还在 2023 年举办了世界冲浪运动会。

一 体育项目

萨尔瓦多和大多数拉丁美洲国家一样，主要的运动项目是足球，其他运动项目还有篮球、网球和排球。

1. 足球

足球是在萨尔瓦多最受欢迎的运动，最早从美国传入，1899 年开始举行正式比赛。萨尔瓦多两次获得国际足联世界杯足球赛参赛资格。在 1969 年的比赛中，对阵洪都拉斯国家队的比赛非常激烈，萨尔瓦多和洪都拉斯爆发了"足球战争"。萨尔瓦多足球协会负责管理国家足球队以及顶级联赛。

萨尔瓦多国家足球队是萨尔瓦多在国际足坛的代表。1899 年，来自圣安娜和圣萨尔瓦多的两支球队在萨尔瓦多举行了第一场足球比赛。国家队的第一场比赛在 1921 年 9 月进行，当时他们被邀请参加庆祝中美洲独立 100 年的比赛。劳尔·迪亚斯·阿尔塞（Raúl Díaz Arce）是国家队的历史最高得分手，共有 39 个进球。阿尔弗雷多·帕切科（Alfredo Pacheco）的出场次数最多，达 85 次。

2. 篮球

篮球虽比足球的热度低，但也是在萨尔瓦多颇受欢迎的运动项目。1956 年萨尔瓦多篮球队加入国际篮球联合会（FIBA）。2021 年，萨尔瓦多篮球队创纪录地闯入世界杯 2023 年资格赛第二轮。

3. 排球和网球

萨尔瓦多排球联合会负责该国排球运动的发展，每年举办一系列比赛。比赛被分为三大类，除此以外还有学生级的比赛。

在萨尔瓦多，网球也是受欢迎的项目，并有运动员参加国际知名的赛事。

二 体育设施

库斯卡特兰体育场（El Estadio Cuscatlán）是中美洲和加勒比地区最

大的体育场馆，可容纳 53400 名观众。库斯卡特兰体育场最初是作为当时萨尔瓦多最大的体育场——国家体育场的替代而发展起来的。体育场于1971 年 3 月 24 日开始动工，萨尔瓦多总统菲尔德·桑切斯·埃尔南德斯为其奠基。经过 5 年的建设，于 1976 年 7 月 24 日投入使用，并在当天举行了第一场比赛。2008 年，库斯卡特兰体育场成为中美洲和加勒比地区首个拥有大型 LED 屏幕的体育场馆。库斯卡特兰体育场现今也被用于举办文化活动、宗教活动和政治集会。

第五节　新闻出版

一　新闻出版简况

萨尔瓦多宪法规定，萨尔瓦多媒体享有言论自由和发表争议性政治观点的权利。萨尔瓦多宪法第 6 条保障言论自由，规定媒体"不得破坏公共秩序，不伤害他人的道德、荣誉或私生活"。20 世纪 80 年代早期，媒体及其从业者的言论自由被官方和非官方机构联合压制，在内战时期无法发出任何声音。随着 1992 年后自由选举的民主政府的出现，暴力活动减少，新闻环境开始改善。

在萨尔瓦多，纸质媒体经营者大多为保守派商人，这些报纸倾向于反映出版商的观点。然而，这并不意味着萨尔瓦多报纸全部是保守的。圣萨尔瓦多总主教区周刊《方向》（Orientacion），对政治现象进行了批判分析。中美洲大学的出版物则反映了普遍的左派观点。此外，还有小型私人印刷作坊自行印制表达政治观点的小册子、公告和传单。

付费政治宣传广告可以在一定程度上体现该国的言论自由。这类广告一般会被刊登在报纸上。20 世纪初，付费政治宣传广告是为数不多的向左派提供媒体宣传的途径之一。它也经常被政党、私营部门团体、工会、政府机构等用来发表意见。广告的内容不受管制，且无须通过审查，但是由于成本过高，其使用者通常为团体和组织，而不是个人。

电台不受地区的限制，曾在该国使用较为广泛。1985 年，萨尔瓦多

居民总共拥有大约 200 万台无线电接收机。20 世纪 80 年代中期，在新闻报道中发表竞争性的政治观点已经成为一种常见的做法。除了胜利广播电台，法拉本多·马蒂人民解放阵线还拥有法拉本多·马蒂电台。

许多观察家认为，电视对萨尔瓦多的政治影响最为显著。电视新闻人员报道了多个政治团体召开的新闻发布会，并调查了军方和安全部队侵犯人权的指控。和广播电台一样，电视台几乎覆盖全国。然而，电视接收器的成本较高。1985 年的数据显示接收器数量为 35 万个。在 80 年代后期全国有 6 个电视频道，其中两个是政府拥有的教育频道，其余四个是商业频道。

二　报纸

《拉丁美洲联合日报》（*Diario Co Latino*）为晚报，主要刊发政治和经济方面的文章，主要在城市地区发行，日均发行量为 1 万份。该报前身是由记者米格尔·平托（Miguel Pinto）于 1890 年 5 月创立的《20 世纪报》（*Siglo XX*），之后曾更名为《拉丁裔日报》（*Diario Latino*）。1989 年 6 月，《拉丁裔日报》破产，员工薪资停发。之后该报员工自行成立合作社并接管了该报的管理，自此，该报更名为《拉丁美洲联合日报》。从那时起，该报成为批评政府保守党派的平面媒体。1991 年，该报纸遭到极端右派的破坏，在得到国际机构，如国际记者联合会、国际记者协会、西班牙合作组织以及萨尔瓦多大学的青年志愿者等的支持后，该报的发行得以恢复。

《今日早报》（*El Diario de Hoy*）是萨尔瓦多偏右翼报纸，在圣萨尔瓦多市出版，面向全国发行，是萨尔瓦多第一份建立网站的报纸。该报主要负责人是恩里克·阿尔塔米拉诺·马德里斯（Enrique Altamirano Madriz），主编是爱德华多·托雷斯（Eduardo Torres）。《今日早报》于 1936 年 5 月 2 日首次发行，是拉丁美洲报业协会的成员之一，其网站是中美洲访问人数最多的网站之一。

《灯塔》（*El Faro*）是萨尔瓦多的数字报纸，创立于 1998 年 4 月 25 日，是第一份在拉丁美洲发行的互联网报纸，报纸保持独立编辑，捍卫言

论自由和新闻自由，并维持关键社论立场，对国际和地区形势进行批判性分析。《灯塔》由萨尔瓦多的希腊和巴勒斯坦裔记者卡洛斯·达达（Carlos Dada）和巴勒斯坦裔萨尔瓦多商人何塞·西蒙（Jorge Simán）创立。

《新闻统计》（*La Prensa Grafica*）是萨尔瓦多的日报。报纸在政治和经济方面保持中右翼温和、客观公正的路线。该报总部设在拉利伯塔德省，面向全国发行。《新闻统计》于 1915 年 5 月 10 日由何塞·杜特里斯（José Dutriz）创立。起初它名为《新闻》（*La Prensa*）。1938 年正式更名。该报获得多个国际奖项，如玛丽亚·穆尔斯·卡伯特（María Moors Cabot）奖和世界报业协会颁发的世界青年报奖，是世界报业协会等重要媒体协会的成员。

第七章

外　交

第一节　外交政策

　　萨尔瓦多独立后，根据国家第 13 号法令（1858 年 2 月 27 日）成立主管对外关系的外交部。萨尔瓦多独立初期主要关注与美国和欧洲国家的关系，并根据 1914 年《布莱恩·查莫罗条约》（Brian Chamorro Treaty），允许美国在丰塞卡湾建立军事基地，阻止了尼加拉瓜在中美洲法院对丰塞卡湾的要求。马丁内斯总统继而创立了"友善中立主义"（Benevolent Neutrality），形成了萨尔瓦多当时对外关系的信条，以免直接卷入国家间的大规模冲突，从而影响萨尔瓦多的安全和对外出口。该信条基于萨尔瓦多认识到了"大国平衡"关系的不确定性和国际秩序的脆弱性。[①]

　　萨尔瓦多对外政策强调维护国家主权和领土完整；尊重人权和基本自由；主张各国人民自决，互不干涉内政；依据国际法和平解决争端；寻求和维护国际和平与安全；不威胁使用武力；支持在平等、公正与合作基础上建立国际新秩序，主张国际关系民主化。重视发展同美国和中美洲邻国的传统关系，积极参与中美洲地区一体化进程。

　　总之，萨尔瓦多奉行多边主义和开放主义的外交政策。当前，萨尔瓦多外交呈现向世界开放及务实主义的特点。国家积极通过外交寻求新的合

[①] El Salvador—Foreign Relations, https：//www.globalsecurity.org/military/world/centam/sv-forrel.htm.

作伙伴以及新的投资者，以进一步促进国家经济的发展。

萨尔瓦多外交的优先目标包括促进地区一体化、保护主权和领土完整、加强涉及发展问题的国际合作、促进经济关系、关注萨尔瓦多海外侨民及尊重人权等。

萨尔瓦多与世界上大多数国家保持着外交关系。于 2018 年宣布与中华人民共和国建交，并同时断绝与中国台湾当局的"邦交"关系。

萨尔瓦多外交兼具国家利益的整体协调性与开放性视角，坚定支持伊比利亚美洲国家首脑会议的召开，并于 2008 年承办了第 18 届会议。该届会议的主题是"青年与发展"。

第二节　与美国的关系

一　政治关系

1821 年，中美洲地区逐渐摆脱西班牙的殖民统治。1823 年，包括萨尔瓦多在内的地区成员组成中美洲联邦，得到了美国的支持。联邦解体后，萨尔瓦多于 1841 年 1 月宣布独立。美国在 1849 年 5 月 1 日承认萨尔瓦多为独立国家，并委派当时美国驻危地马拉的外交官使团与萨尔瓦多谈判建交条约。1863 年 6 月 15 日，萨尔瓦多与美国正式建立外交关系。

1896 年 9 月，洪都拉斯、尼加拉瓜和萨尔瓦多共同组建"大中美洲共和国"（the Greater Republic of Central America），并实行统一对外政策。美国认可新的地区国家的联合，也接受了其外交的"统一"。1896 年 12 月 24 日，美国政府接受了大中美洲共和国的使节，但是美国总统格罗弗·克利夫兰（Grover Cleveland）依然保留了美国驻 3 国的大使，他们的职能也没有改变。"大中美洲共和国"在 1898 年 11 月 29 日解体，3 个成员国又恢复了各自与美国的独立外交关系，美国对 3 国的外交基本没有受到影响。

1931 年 12 月 4 日，萨尔瓦多发生革命，政府被推翻。美国拒绝承认萨尔瓦多"政变"上台的革命政府，两国关系因而中断。

马丁内斯政府上台后，1934 年 1 月 26 日，美国与萨尔瓦多恢复了外交关系。1943 年 3 月 23 日，美国与包括萨尔瓦多在内的 7 个美洲国家共同宣布，将 7 国驻美国的外交使团级别升格为大使馆级。1943 年 4 月 16 日，沃尔特·瑟斯顿（Walter Thurston）被提升为萨尔瓦多驻美特命全权大使，成为萨尔瓦多首任驻美大使。

萨尔瓦多独立后，国内动荡。革命运动、民主浪潮和内战不断。1981 年，萨尔瓦多内战升级之后，萨尔瓦多政府寻求更多的支持和援助。美国吉米·卡特总统和罗纳德·里根（Ronald Reagan）总统领导下的两届政府，从 20 世纪 80 年代开始增加对萨尔瓦多政府的支持。美国对萨尔瓦多的援助总额从 1982 年的 2.6 亿美元提高到 1987 年的 5.6 亿美元，增加了一倍多。同期，美国对萨尔瓦多经济援助的增加幅度超过军事援助。美国对萨尔瓦多的经济援助主要是通过"经济支援基金"（Economic Support Funds，ESF）和美国国际开发署实施，包括提供食品和发展援助等。发展援助主要针对农业、计划生育、健康、教育和培训。美国的援助对萨尔瓦多政府至关重要，不仅保证了萨尔瓦多经济的运转，还有效地支持了政府军对反对派武装的军事打击。美国的援助使萨尔瓦多进一步依赖美国，同时，美国在拉丁美洲的强势与干涉，也导致萨尔瓦多国内一直存在反美情绪。

1992 年萨尔瓦多国内实现了政治和解，达成了《巩固和平协议》，萨尔瓦多开启了持续平稳发展时期。同时，萨尔瓦多与美国的关系也不断深化，两国合作的主要领域包括政治安全、民主法治、经济社会发展等。此外，在萨尔瓦多国内动乱期间，有许多人通过合法和非法的手段移民美国。目前，美国有 200 多万名萨尔瓦多裔的居民认为美国是他们的"家"。因此，萨尔瓦多与美国共同协调，合作解决移民问题，以及与其相关的跨国犯罪问题。萨尔瓦多与美国在打击毒品犯罪方面有着共同利益，一直保持双边密切合作。

美国遭遇"9·11"恐怖袭击之后，萨尔瓦多在 2003～2008 年参加了美国组建的多国部队对伊拉克的行动。

在美国实施的"中美洲战略"中，萨尔瓦多的地位十分重要，成为"北三角"（萨尔瓦多、危地马拉和洪都拉斯）的成员之一，这是美国的一项长期和综合的地区战略，目的是要通过与3国的合作，"促进繁荣、加强安全和改善治理"。同时，通过示范效应，最终促成覆盖整个中美洲的更大范围的合作。2016～2017年，美国向"北三角"成员国提供了54亿美元的援助，用以改善公共安全，扩大就业，加强制度建设。

二 经济关系

2004年8月5日，美国签署了与多米尼加和中美洲5国（哥斯达黎加、萨尔瓦多、危地马拉、洪都拉斯和尼加拉瓜）的自由贸易协定，即《多米尼加-中美洲-美国自由贸易协定》，萨尔瓦多和美国的贸易、投资，以及服务贸易的自由化程度因此得到了很大的提升。该协定主要涉及海关管理、贸易便利化、消除贸易的技术壁垒等领域，以及相关的政府采购、投资、电子通信、电子商务、知识产权、劳工和环境保护等。2006年3月1日，该协定在萨尔瓦多和美国双边层面率先实施，其他拉美5国陆续到2009年才最终生效。

1. 双边贸易

根据美国商务部的统计，2015年萨尔瓦多与美国的贸易支持了美国大约2.1万个就业岗位，其中1.5万个就业岗位来源于货物贸易，6000个岗位来源于服务贸易。

2016年，萨尔瓦多与美国的双边贸易（货物贸易和服务贸易）总额约为73亿美元，萨尔瓦多从美国进口总额为41亿美元，对美国出口总额为32亿美元。其中双边服务贸易额近18.26亿美元，萨尔瓦多进口11亿美元，对美国的服务贸易出口7.26亿美元。

2017年，萨尔瓦多与美国的货物贸易额达55亿美元，在美国的贸易伙伴中排第58位。① 2017年，萨尔瓦多从美国进口的主要商品类别为矿物燃料

---

① Office of the United States Trade Representative—El Salvador, https://ustr.gov/countries-regions/americas/el-salvador.

（6.62亿美元）、医药产品（2.48亿美元）、机械（2.21亿美元）等。

2017年，萨尔瓦多在对美国出口国中列第64位，萨尔瓦多对美国的货物出口额为25亿美元，比2005年增长了24.2%。萨尔瓦多对美国出口主要有如下几大类商品：纺织服装（19.59亿美元），电子机械（0.63亿美元），咖啡、茶叶、香料等（0.62亿美元）。

2016~2017年，在萨尔瓦多与美国的双边贸易中，美国无论在货物贸易还是在服务贸易方面均为顺差，贸易不平衡十分明显，尤其是在双边服务贸易方面。

2019年，萨尔瓦多与美国的双边贸易（包括服务贸易）总额为81亿美元，萨尔瓦多逆差16亿美元。

2020年，美国对萨尔瓦多商品出口总额为27亿美元。美国出口到萨尔瓦多的主要产品是精炼油（5.84亿美元）、油气（2.12亿美元）和玉米（1.12亿美元）等。1995~2020年，美国对萨尔瓦多出口年均增长2.96%。2020年，萨尔瓦多对美国出口总额为20.1亿美元。萨尔瓦多出口到美国的主要产品是针织T恤（4.84亿美元）、针织毛衣（1.81亿美元）以及袜子类产品（1.54亿美元）等。

2. 投资

《多米尼加-中美洲-美国自由贸易协定》签订后，促进了地区贸易和投资便利化，有利于消除关税壁垒、开放市场。萨尔瓦多从中受益，有300多家美国企业在萨尔瓦多设立了商务代表处或者代理机构。2017年，在美国的萨尔瓦多人的侨汇占了萨尔瓦多GDP的18%。[1] 2017年，萨尔瓦多和美国的直接投资达到30亿美元，比2016年增长9.5%。[2] 2019年，萨尔瓦多对美国的直接投资（含股票）额为2600万美元，比2018年增长了62.5%。同期，美国对萨尔瓦多的直接投资（含股票）额为34亿美元，比2018年增长19.4%。

---

[1] U. S. Relations with El Salvador, February 16, 2018, https：//www. state. gov/r/pa/ei/bgn/2033. htm.

[2] Office of the United States Trade Representative—El Salvador, https：//ustr. gov/countries-regions/americas/el-salvador.

第三节　与拉美地区国家的关系

一　与中美洲国家的关系

1. 与洪都拉斯的关系

萨尔瓦多和洪都拉斯是邻国，两国之间曾因一场足球比赛而爆发过"足球战争"。这场战争的爆发是有其深刻背景的。

"足球战争"　1968 年，洪都拉斯洛佩斯政府陷入了困境，国内政治矛盾尖锐，劳资冲突不断。洪都拉斯国内对大量来自萨尔瓦多的大量移民越来越不满，政府和一些私营组织将国内经济问题归咎于大约 30 万名萨尔瓦多非法移民。1969 年 1 月，洪都拉斯政府拒绝与萨尔瓦多续签两国于 1967 年签署的双边移民协定。4 月，有消息说那些在土地改革中获得了土地而本身并不是出生于洪都拉斯的非法占有者将被驱逐。洪都拉斯媒体也宣传来自萨尔瓦多的非法移民对加勒比沿海地区人们的失业和工资带来的不利影响。5 月末，大量移民返回萨尔瓦多。两国关系日渐紧张。

1969 年 6 月，紧张局势持续升级。当月，萨尔瓦多和洪都拉斯两国的足球队将要进行三场 1970 年世界杯外围赛。在洪都拉斯首都举行的第一场比赛中，洪都拉斯以 1∶0 胜萨尔瓦多，比赛中发生骚乱。在萨尔瓦多首都圣萨尔瓦多举行的第二场比赛中，洪都拉斯以 0∶3 不敌萨尔瓦多，球场上发生骚乱，洪都拉斯的球迷遭到殴打。此时，在洪都拉斯国内，出现了针对萨尔瓦多人的暴力行动，成千上万的萨尔瓦多人开始逃离洪都拉斯。6 月 27 日，洪都拉斯断绝了与萨尔瓦多的外交关系。双方不得不进行的最后一场球赛被迫转移到墨西哥，最终经加时赛萨尔瓦多以 3∶2 战胜洪都拉斯。

1969 年 7 月 14 日凌晨两国爆发了"足球战争"。当日，萨尔瓦多空军空袭了洪都拉斯境内目标，对连接两国的主要公路发动袭击，并攻击了位于丰塞卡湾的洪都拉斯岛屿。起初，萨尔瓦多取得了相当快速的战果。但由于储油设施遭到洪都拉斯空军的袭击，萨尔瓦多军队出现了燃料短缺、弹药不足的情况。

当天，美洲国家组织召开紧急会议，呼吁萨尔瓦多军队立即撤出洪都拉斯。萨方则要求洪都拉斯方面首先对遭受袭击的萨尔瓦多公民进行赔偿，并保证仍然滞留在洪境内的萨尔瓦多人的安全。7 月 18 日晚，双方达成一项停火协议。萨尔瓦多最终同意于 8 月初撤军。尽管这场战争只持续了 4 天，但此后双方花费了 10 余年的时间才最终达成和平协定。1980 年 10 月 30 日，两国签署和约，将领土争端交付国际法庭审理。

战争给双方造成巨大损失，有数万萨尔瓦多人被强制驱逐或者逃离洪都拉斯，这给地区经济造成了严重破坏，干扰了两国之间的贸易，两国边境被关闭，两国之间的航线也关闭了 10 余年。

领土纠纷 萨尔瓦多和洪都拉斯有领土纠纷，两国政府决定将争议提交海牙国际法庭裁决。1992 年海牙国际法庭将两国边境有争议地区中的 311 平方千米判归洪都拉斯，将 135 平方千米判归萨尔瓦多。两国政府均表示尊重裁决。海牙国际法庭的裁决结果被认为是洪都拉斯方面取得了胜利，但这一裁决导致 1 万多名萨尔瓦多居民留在洪都拉斯境内，同时也有 1000 多名洪都拉斯居民留在萨尔瓦多境内，滞留在洪都拉斯境内的居民认为自己是萨尔瓦多人，他们于 1992 年向两国政府提出了土地权利、在两国间自由活动并保留聚居区组织等要求。为此，萨尔瓦多与洪都拉斯成立了专门的委员会来解决争端。然而，两国经常因边民问题引发冲突。此外，由于在洪都拉斯境内的萨尔瓦多居民砍伐木材运回国内，与洪都拉斯警察发生对峙，两国局势一度严重紧张。

萨尔瓦多与洪都拉斯曾签署《有关设立界标协议》《边民法定权利协议》两项协议，正式宣布两国之间由边民问题引起的边境冲突已经完全解决。协议规定，两国将在边界立界标，同时因海牙国际法庭裁决而滞留在对方境内的公民的土地财产等也得到了保障。这两项协议解决了两国间的历史遗留问题。

但是，萨尔瓦多与洪都拉斯对拉巴斯地区的归属仍存在争议，冲突时有发生。2006 年底，当萨尔瓦多重提位于丰塞卡湾入口处的科内霍岛的

所有权问题时，两国关系趋于紧张。该岛作为洪都拉斯的领土已有150年的历史，洪方认为，有关该岛的归属问题已在20世纪90年代由海牙国际法庭做出了裁定：洪都拉斯、萨尔瓦多和尼加拉瓜拥有从其各自海岸向外延伸3000平方米海域的主权。而该岛距离洪都拉斯仅半英里远，距离萨尔瓦多海岸6英里。

2019年，萨尔瓦多与洪都拉斯再次出现摩擦。2021年5月，两国因萨尔瓦多协助洪都拉斯购买科兴疫苗而关系缓和。

2023年7月26日，洪都拉斯经济发展部长弗雷迪思·赛拉脱（Fredis Cerrato）与萨尔瓦多驻洪大使埃克托·塞拉利耶（Héctor Celarie）举行会议，萨尔瓦多重申了对洪都拉斯的坚定支持，强调两国既是邻国，同时也是彼此最重要的合作伙伴之一。双方有加强两国关系的共识，并强调将进一步提升双边经济关系。

两国共同面临的社会紧张关系、暴力犯罪等地区性问题，是长期合作应对的重点。此外，谋求共赢与建立中美洲一体化的贸易关系，是双方共同的经贸诉求。

2. 与危地马拉的关系

萨尔瓦多和危地马拉是中美洲邻国，它们之间有着悠久的历史联系。萨尔瓦多和危地马拉在文化和历史上有许多共同点。两国都有丰富的土著文化遗产，包括玛雅文明的遗迹和传统艺术。这些共同的文化元素为两国之间的交流和合作提供了坚实的基础。此外，萨尔瓦多和危地马拉的语言和宗教也有许多相似之处，这进一步加深了两国之间的联系。

萨尔瓦多和危地马拉在经济上有着密切的联系，两国之间有着频繁的贸易往来。此外，许多萨尔瓦多企业在危地马拉开展业务，为两国的经济合作提供了重要支持。这种经济联系不仅有助于促进两国之间的发展，还有助于增强地区经济稳定和繁荣。

2007年8月，萨尔瓦多、危地马拉和洪都拉斯3国签署了与哥伦比亚的自由贸易协定。2022年2月，危地马拉外交部长马里奥·布卡罗与萨尔瓦多外长亚历杭德拉·希尔·蒂诺科通电话，讨论了两国的历史和战略性的双边关系，还讨论了安全、贸易、移民和旅游等共同关心的双边议题。两国政府重新承诺在西半球和全球事务中，促进实施有利于两国和地区福祉的进步性举措。

2022年6月20日，两国外交官签署了外交交流协议。在此框架下，两国政府机构开展以双边贸易、培训和交流为重点的计划。

2023年3月21日，危地马拉在首都危地马拉城举行活动，纪念中美洲联邦省的建立，同时纪念与萨尔瓦多和洪都拉斯两国建交176周年。危地马拉外交部通过社交网络表示，将继续致力于加强与两国的合作。

萨尔瓦多和危地马拉之间也存在一些挑战和争议。例如，两国在边界问题上存在一些分歧。此外，两国的安全形势也面临一些挑战，包括跨国犯罪和毒品贩运等问题。两国有意愿通过加强合作和对话共同应对各种挑战，促进双边稳定。

3. 与尼加拉瓜的关系

萨尔瓦多和尼加拉瓜是中美洲邻国，在殖民时期都曾受到西班牙的殖民统治，直到19世纪初才获得独立。尽管有着相似的历史背景，但两国在独立后的发展道路上有所不同。在政治上，尼加拉瓜经历过长期的内战和政治动荡，而萨尔瓦多则相对稳定，经济发展较为迅速，但也存在着贫富分化和社会不公平的问题。这些政治因素影响了两国之间的关系，它们在国际事务中的立场和政策存在差异。

在经济方面，萨尔瓦多和尼加拉瓜都是中等收入国家，经济主要依赖农业和轻工业。尽管两国都在努力推动经济改革和发展，但由于地理位置和资源限制，经济增长仍然面临挑战。萨尔瓦多和尼加拉瓜在经济方面存在一定的合作。

2022年，萨尔瓦多向尼加拉瓜出口总额为4.97亿美元。主要出口产品是石油气（6230万美元）、塑料制品（4240万美元）和包装药品（3120万美元）等。1995~2022年，萨尔瓦多对尼加拉瓜的出口额年均增长7.59%，从6890万美元增至4.97亿美元。

2022年，尼加拉瓜向萨尔瓦多出口总额为4.37亿美元。主要出口产品为奶酪制品（1.37亿美元）、牛肉（1.24亿美元）和干豆类（2810万美元）等。1995~2022年，尼加拉瓜对萨尔瓦多的出口额年均增长

8.82%，从4460万美元增加到4.37亿美元。

在文化方面，萨尔瓦多和尼加拉瓜都有着丰富的文化传统和艺术遗产。两国都有独特的民俗节日和传统习俗，如萨尔瓦多的独立日和尼加拉瓜的圣尼古拉斯节。这些文化元素不仅丰富了两国人民的生活，也促进了两国之间的文化交流和合作。

4. 与巴拿马的关系

萨尔瓦多和巴拿马是中美洲地区重要的国家。从历史的角度来看，萨尔瓦多和巴拿马在过去的几个世纪有着密切的联系。两国都曾是西班牙殖民地，后来又成为独立国家。他们之间的历史渊源可以追溯到殖民时代，这为两国建立友好关系奠定了基础。在解放运动和独立斗争中，两国的民族英雄们也有过合作，这进一步加深了两国之间的情谊。

从政治层面来看，萨尔瓦多和巴拿马在国际事务中有着相似的立场和利益。两国都是中美洲地区的重要成员，在地区合作和对外关系中有着共同的目标和愿望。在国际组织和论坛中，两国也常常合作，共同维护地区和平与稳定。此外，两国在反恐、反毒品、气候变化等领域也有着密切的合作，共同应对各种挑战。2021年8月，萨尔瓦多与巴拿马就加强双边合作达成了共识，两国政府和主要私营工会的代表参与了多项双边会谈，就加强双边友好关系、保持合作等达成了共识。双方主要关心的议题包括政治、移民、法律及经济合作等。此外，两国的中长期合作项目主要为外交培训项目，主要目标是加强外交能力，提升外交人才的专业水平。

2023年9月，萨尔瓦多和巴拿马政府召开第二期双边技术和科学合作计划中期评估会议，监测和评估两国在框架内推动联合项目的执行情况。双方制定了两年期合作计划框架，回顾了南南合作模式下正在执行的六个项目的进展情况，双方强化了双边环境、健康、农业和机构等领域合作。巴拿马外长马吉利亚·帕拉西奥斯认为同萨尔瓦多的合作有助于两国在可持续发展框架下共同发展。

从经济角度来看，萨尔瓦多和巴拿马有着频繁的贸易往来，双边贸易额不断增长。此外，巴拿马运河对于萨尔瓦多的经济发展也具有重要意义，两国在基础设施建设、能源合作等领域也有着合作。双方的经济合作有助于促进两国的经济发展，实现互利共赢。两国还保持了良好的商业和投资合作。巴拿马十分重视同萨尔瓦多的经贸关系，参与对萨商业联盟成员超过 1600 家公司，涉及巴拿马的 15 个经济部门。根据萨尔瓦多中央储备银行的数据，截至 2021 年 7 月，萨尔瓦多在巴拿马的销售额为 7290 万美元，主要出口商品有卫生纸、药品、蜜饯、油等。

从文化层面来看，萨尔瓦多和巴拿马有着丰富多彩的文化传统和历史遗产。两国的文化交流有助于增进彼此之间的了解和友谊，促进文化产业的发展。

萨尔瓦多和巴拿马两国之间的友好合作有助于促进地区稳定和发展。

二 与其他国家的关系

1. 与古巴的关系

萨尔瓦多和古巴的关系可以追溯到 1959 年古巴革命，当时菲德尔·卡斯特罗领导的古巴共产党推翻了巴蒂斯塔政权。这一事件在拉丁美洲地区引起了巨大的震荡，许多国家都对古巴的政治走向表示担忧。萨尔瓦多是古巴的支持者之一，两国之间建立了密切的外交关系。

在过去的几十年里，萨尔瓦多和古巴之间的关系经历了许多起伏。在冷战时期，两国都受到了美国的影响和干涉，这导致它们之间的合作受到一定程度的限制。然而，随着国际关系的演变，萨尔瓦多和古巴之间的关系逐渐得到改善。萨尔瓦多在古巴反对封锁的斗争中长期予以支持，并拒绝《赫尔姆斯-伯顿法案》及其第三条的适用。

近年来，萨尔瓦多和古巴之间的合作领域不断扩大，涵盖了政治、经济、文化等多个领域。双方在联合国和其他国际组织中密切合作，共同推动拉丁美洲地区的发展。古巴还向萨尔瓦多提供了医疗援助和相关的技术支持，帮助萨尔瓦多改善卫生和医疗条件。

2019 年 5 月 9 日，萨尔瓦多与古巴举办庆祝活动，庆祝两国重建外交关系十周年。萨尔瓦多总统萨尔瓦多·桑切斯·塞伦出席活动。萨尔瓦多发行了一枚具有纪念意义的邮戳，邮戳上有两国国旗，还有萨尔瓦多的国鸟托罗戈兹和古巴的国鸟托科罗罗。古巴外交部长卡洛斯·卡斯塔尼达

强调了两国十年来取得的重要成果。他对卫生、教育、文化、体育、农业等领域开展的工作表示肯定。他强调萨尔瓦多是古巴的友好国家。法拉本多·马蒂民族解放阵线政府于 2009 年 6 月 1 日做出的与古巴恢复外交关系的决定十分重要，影响深远。古巴对萨尔瓦多开展的扫盲计划做出了贡献，宣布在 153 个城市（总计 262 个）和 2 个省级市消除了文盲。截至 2019 年 4 月 12 日，古巴眼科队共进行了 149583 次咨询和 23843 例手术。

2023 年 11 月 22 日，萨尔瓦多和古巴在哈瓦那举行总理间政治协商机制第八次会议，探讨了双方落实议程的进展，讨论了共同关心的问题，并就继续加强双边关系达成了共识。双方主要的合作领域为技术、科学、运动和体育教育等。此外，双方在南南合作框架下，实现了卫生、教育和文化领域的良好合作。在经济商业方面，双方积极探索合作机制和合作空间，不断促进商业往来。

萨尔瓦多和古巴之间的友好关系不仅有助于双方的发展，也有助于推动拉丁美洲地区的合作与发展。未来萨尔瓦多和古巴之间的关系具有继续保持向好的基础，两国可能在更多领域开展深入合作。

2. 与巴西的关系

萨尔瓦多和巴西同为拉丁美洲国家，有着悠久的历史渊源。1906 年，巴西总统阿方索·佩纳签署法令，在危地马拉、洪都拉斯、萨尔瓦多、尼加拉瓜、哥斯达黎加和巴拿马设立巴西使馆、公使馆。1953 年，巴西驻萨尔瓦多公使馆升格为大使馆。在过去的几十年里，萨尔瓦多和巴西之间的合作与交流不断加强，两国在政治、经济和文化领域都取得了显著进展。

首先，萨尔瓦多和巴西在政治上保持着密切的联系。两国经常就共同关心的国际问题进行协商和合作。在国际舞台上，萨尔瓦多和巴西共同维护拉丁美洲地区的利益和稳定。另外，两国还积极开展政治对话，共同探讨解决地区和全球性问题的途径。

2008 年，巴西总统路易斯·伊纳西奥·卢拉·达席尔瓦总统两次访问萨尔瓦多。他是第一位访问萨尔瓦多的巴西国家元首。2009 年，萨尔瓦多总统毛里西奥·富内斯访问巴西。2011 年 4 月 25 日至 5 月 3 日，萨

尔瓦多社会包容部长兼第一夫人万达·皮尼亚托访问巴西。2013 年 11 月 1 日，萨尔瓦多外交部长海梅·阿尔弗雷多·米兰达·弗拉门戈访问巴西。

2017 年 10 月，萨尔瓦多外交部长乌戈·马丁内斯访问巴西，标志着双边关系的重启和两国全面恢复对话。两国签署了建立双边政治磋商机制的文书，促进两国外交学院之间合作，两国开展防务合作。2023 年 5 月，萨尔瓦多与巴西建交 117 周年。萨尔瓦多外交部长亚历杭德拉·希尔·蒂诺科与巴西驻萨尔瓦多大使路易斯·爱德华多·德阿吉亚尔·比利亚里尼奥·佩德罗索举行会谈，两国长期保持着公共管理、家庭农业、学校供餐、环境和自然资源、科学技术、文化保护、教育、体育等领域的合作。两国在贸易、投资和航空运输领域保持着合作关系。未来，双方希望进一步在电信和技术、文化和农业等领域加强项目合作。

其次，萨尔瓦多和巴西在经济上也有着紧密的联系。萨尔瓦多和巴西之间的贸易往来日益频繁，双边贸易额不断增长。巴西是一个经济实力雄厚的国家，萨尔瓦多则是一个具有潜力的新兴市场。两国之间的经济合作不仅有利于双方的经济发展，也为当地民众提供了更多的就业机会和经济福利。此外，巴西对萨尔瓦多的投资也逐渐增加，为萨尔瓦多的经济发展提供了重要支持。巴西是萨尔瓦多最大的贸易伙伴之一，双边贸易额持续增长。萨尔瓦多主要出口商品包括纺织品、咖啡、糖等，巴西则向萨尔瓦多出口机械设备、化工产品等。这种互补性的贸易关系有助于促进两国经济的发展。巴西企业也在萨尔瓦多进行了大量的投资。例如，在能源、基础设施和农业等领域，巴西企业已经在萨尔瓦多开展了多个项目，为当地经济带来了新的发展机遇。这些投资不仅促进了萨尔瓦多的经济增长，也为巴西企业拓展海外市场提供了重要支持。

2010 年 8 月 9 日，巴西-萨尔瓦多商业研讨会在巴西圣保罗召开。2018 年 9 月 10 日至 14 日，巴西-萨尔瓦多技术合作工作组第十二次会议在萨尔瓦多圣萨尔瓦多市举行，会议在农业、社会保护、民防和生物多样性领域制定了新项目。

2019 年，萨尔瓦多与巴西的双边贸易流量达 1.084 亿美元。巴西出

口总额为 1.011 亿美元，巴西进口总额为 730 万美元。巴西双边收支顺差 9380 万美元。2020 年 9 月，巴西所在的南方共同市场向萨尔瓦多提出自由贸易协定提案。

最后，萨尔瓦多和巴西在文化领域的交流日益活跃。巴西的音乐、舞蹈和美食在萨尔瓦多也颇受欢迎，而萨尔瓦多的文化遗产也在巴西得到了广泛的认可和传播。

总的来说，萨尔瓦多和巴西之间的关系是建立在相互尊重、平等互利的基础之上的。两国之间的合作与交流不仅有利于双方的发展，也有助于促进整个拉丁美洲地区的繁荣与稳定。

3. 与哥伦比亚的关系

萨尔瓦多与哥伦比亚有着悠久的历史渊源和紧密的联系。萨尔瓦多于 1825 年 3 月 8 日与哥伦比亚建立外交关系，并将于 2025 年纪念两国建立外交关系二百周年。双边重点合作领域包括直接投资、贸易、安全等。

第一，萨尔瓦多与哥伦比亚在政治上有着密切的联系。2022 年 8 月 5 日至 7 日，萨尔瓦多副总统菲利克斯·乌略亚访问哥伦比亚并参加古斯塔沃·佩特罗总统的就职典礼。访问哥伦比亚期间，两国领导人签署了合作谅解备忘录，并举行了双边会见。2022 年 10 月 26 日，两国在拉丁美洲及加勒比国家共同体（CELAC）第二十三届外交部长峰会框架内举行双边外交部长会议。两国外交学院签署了合作谅解备忘录。2023 年 7 月 11 日，萨尔瓦多新任驻哥伦比亚大使巴纳切克·阿尔瓦雷斯·奥维多向哥伦比亚共和国总统古斯塔沃·佩特罗·乌雷戈递交国书。

在国际事务中，萨尔瓦多与哥伦比亚在一些重要议题上进行合作，共同维护地区和平与稳定。例如，两国都是美洲国家组织（OAS）的成员国，经常在该组织内就地区事务坚持共同立场。此外，萨尔瓦多与哥伦比亚还在反恐、反毒品和促进经济发展、应对跨国有组织犯罪等领域开展合作，共同应对各种挑战。根据 2007 年 8 月 14 日在圣萨尔瓦多签署的《打击世界毒品问题及其相关犯罪合作协议》，两国成立了萨尔瓦多-哥伦比亚联合打击毒品委员会。

第二，在经济事务上，两国保持着积极的关系。哥伦比亚通过与北三角地区（萨尔瓦多、危地马拉和洪都拉斯）签署自由贸易协定，进一步增进了两国的贸易和投资。

哥伦比亚是萨尔瓦多的主要外国投资来源国之一，两国投资领域的合作包括直接投资、收购和特许经营业务。哥伦比亚投资最多的行业包括金融业、纺织业、住房开发、航空、塑料生产和酒店业。2023 年，哥伦比亚首次获得向萨尔瓦多出口肉类产品的许可。通过驻萨尔瓦多使馆和哥国家食品药品监督管理局（INVIMA）的共同努力，哥伦比亚公司获得了向萨尔瓦多出口牛肉的授权。

萨尔瓦多对哥伦比亚的投资主要集中在酒店和商业基础设施以及零售业，相关投资包括专门从事购物中心业务的罗布莱集团（Grupo Roble）、以酒店领域投资为主的珀玛集团（Grupo Poma）以及朵拉城（Dollar City）等。

两国政府共同签署《关于哥伦比亚共和国政府和萨尔瓦多共和国政府设立双边常设委员会协定的换文附加议定书》，重新启动 2005 年 12 月10 日两国外交部长签署的该协议机制。

2021 年 5 月 11 日，两国召开科技、教育、文化、体育合作联委会第十二次会议，会议批准了 2021～2023 年合作规划。该规划由九个南南合作项目组成，主要关注健康、环境、农业、和平与正义、交通和文化领域。截至 2023 年 5 月，这些项目执行进度已达 68.65%。

4. 与墨西哥的关系

萨尔瓦多与墨西哥保持着友好、合作的稳定关系。在西方殖民者到来之前，两国在种族、语言和文化等方面都十分相近。沦为西班牙的殖民地后，两国又在一个殖民区。两国经历了地区的一系列变迁，最终均成为独立国家。1841 年萨尔瓦多独立后，就与墨西哥建立了外交关系。1943 年，两国关系升为大使级。1979～1992 年萨尔瓦多内战期间，墨西哥接纳了数千名萨尔瓦多难民。1992 年，萨尔瓦多内战停战的和平协议是在墨西哥签署的。此外，两国在缉毒和打击暴力犯罪等领域密切合作。双边政治上的主要问题是移民问题，包括萨尔瓦多移民在内的中美洲移民通过墨西哥中转至美国，由于美国移民政策调整，大量难民滞留在美墨边境的墨西哥一侧，引发人道主义危机及社会问题。例如，2019 年 1 月，700 多名萨尔瓦多人因担心在美国受到审判，并拒绝返回萨尔瓦多而寻求在墨西哥政治避难。这影响到萨尔瓦多与墨西哥的关系。为此，萨尔瓦多总统 2019 年出访墨西哥，专门商讨解决方案。① 在其他领域，两国总体保持着较好的双边合作关系。1993 年 7 月成立了双边委员会，两国签署了《圣何塞协定》。此外，双方的沟通与合作机制还包括图斯特拉·古铁雷斯对话与协议机制及《普埃布拉-巴拿马计划》（2001 年成立的墨西哥与中美洲国家参与的地区合作）。

萨尔瓦多与墨西哥在贸易方面合作广泛，有多种合作机制。如 2011 年中美洲国家与墨西哥在圣萨尔瓦多共同签署《单一自由贸易协定》，用以替代中美洲各国与墨西哥所签署的双边自由贸易协定。之前，墨西哥分别与尼加拉瓜（1998 年），与萨尔瓦多、危地马拉、洪都拉斯（2001 年），与哥斯达黎加（2005 年）签署了自由贸易协定。洛佩斯·奥夫拉尔多尔任墨西哥总统以来，积极推进"北三角"一体化发展。2018 年，萨墨双边贸易额接近 10 亿美元，萨尔瓦多向墨西哥主要出口汽车配件、棉花、人造纤维、运动服装和畜产品等。墨西哥是萨尔瓦多第三大投资伙伴和第四大贸易伙伴。② 2019 年双边贸易额接近 11 亿美元。

5. 与委内瑞拉的关系

萨尔瓦多与委内瑞拉均参与了各种地区和国际的多边合作机制，并在这些机制下开展合作。但在 2018 年马杜罗赢得委内瑞拉大选后，2019 年两国关系中断。主要原因有二。其一，2019 年 8 月，在由美洲国家组织 20 个成员进行的投票中，萨尔瓦多对联合国人权事务高级专员米歇尔·巴切莱特（Michelle Bachelet）的报告持支持态度。报告认为委内瑞拉马杜罗政府"存在侵犯人权的行为"。其二，萨尔瓦多总统纳伊布·布克尔在 2019 年 11 月 1 日举行的一次会议上发表讲话再次表示，认为委内瑞拉

---

① El Salvador-Mexico Relations, September 14, 2021, https：//wikimili.com/en/El _ Salvador%E2%80%93Mexico_ relations.

② El Salvador-Mexico Relations, September 14, 2021, https：//wikimili.com/en/El _ Salvador%E2%80%93Mexico_ relations.

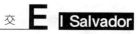

马杜罗政府"存在侵犯人权的行为"。委内瑞拉方面立即予以回应，宣布萨尔瓦多外交人员为"不受欢迎的人"。萨尔瓦多总统以总统令形式要求委内瑞拉外交官员离开萨尔瓦多。委内瑞拉本着对等原则，驱逐萨尔瓦多驻加拉加斯外交人员。委内瑞拉指责萨尔瓦多政府追随了美国外交政策，并表示委内瑞拉政府为与萨尔瓦多"巩固和平"的行为敞开大门，认为两国断交是一场"暂时的闹剧"，不会影响两国"深厚的历史联系"。2020 年，萨尔瓦多与委内瑞拉仍保持贸易往来。萨尔瓦多对委内瑞拉的出口额为 95.3 万美元，自委内瑞拉进口额为 14.4 万美元。

6. 与阿根廷的关系

萨尔瓦多与阿根廷在历史上有共同的经历，都曾是西班牙殖民地，分属不同的区域，两国分别在 1816 年和 1841 年取得独立。1940 年，两国建立外交关系。1977 年，阿根廷支持萨尔瓦多政府镇压左翼起义，并为萨尔瓦多提供军事帮助。1979 年，萨尔瓦多内战爆发，阿根廷政府不仅支持萨尔瓦多政府，还开展双边军事合作。马岛战争中，萨尔瓦多支持阿根廷关于马岛的主权诉求。1986 年，阿根廷安置了因内战而移民的 200 个萨尔瓦多家庭至阿根廷北部。现在两国都是一些重要国际和地区合作组织的成员。例如，联合国、77 国集团、拉丁美洲和加勒比国家共同体等。

两国关系一直密切，高层互访不断。2012 年，阿根廷外长访问萨尔瓦多，为密切双边关系奠定了基础，双方共同探讨了达成战略合作协议。此外，自 2011 年起，双方建立了双边合作混委会。2013 年 4 月 5 日，双方签署了《共同利益事项磋商机制》以及《双方战略合作伙伴计划》。2018 年两国签署《相互促进和保护投资协定》。2017 年，两国贸易额超过 5000 万美元。2020 年，两国庆祝建交 80 周年。[①]

7. 与智利的关系

除了开展各种多边合作之外，萨尔瓦多与智利签署了自由贸易协定。

---

① Argentina-El Salvador Relations, August 12, 2021, https://wikimili.com/en/Argentina%E2%80%93El_ Salvador_ relations.

2012年，双方签署《航空运输协定》。2018年10月，两国在智利-萨尔瓦多协作委员会第三次会议中，就政治、社会、发展与合作、经济与文化等议题开展讨论，深化双边关系。两国确认联合国2030年可持续发展议程为双方共同的发展方向。双方不断在2002年双边自由贸易协定框架下，进一步推进社会保护、农业发展、国家现代化、海洋科学、安全以及防止暴力犯罪等领域合作。两国还在同期召开的第三次技术和科学合作混合委员会会议上，确定了2018～2020年合作规划，重点围绕国家现代化、加强公共管理、减少风险和灾害、保护儿童和青少年、国土开发和残疾人政策6个领域开展合作。2019年，智利与萨尔瓦多开展反腐败经验学术交流。同年，智利、萨尔瓦多、危地马拉三国共同在萨尔瓦多国家剧院举办音乐会。2020年，萨尔瓦多对智利的出口额为594万美元，主要有纺织品、塑料制品、原糖、家具等；萨尔瓦多从智利的进口额为7100万美元，主要是化工产品、水果、木材、食品等。

8. 与秘鲁的关系

萨尔瓦多同秘鲁保持着较为通畅和密切的外交联系，双方不仅在多个地区和国际组织中为共同成员并保持高层互访，双边关系还有历史渊源。在两国先后从殖民统治下独立之后，于1857年10月建立了外交关系。1969年，萨尔瓦多与洪都拉斯爆发了"足球战争"，之后多年两国关系受到影响。1977年，受两国委托，秘鲁担任两国关系调停人。1980年10月30日，萨尔瓦多和洪都拉斯在秘鲁的调解下，在利马签署了"和平协议"。1979年，萨尔瓦多爆发了内战，秘鲁又配合联合国参与了萨尔瓦多政府与反对派武装的调停工作。2017年，两国庆祝萨尔瓦多与秘鲁建交160周年。为保障贸易联系，2010年萨尔瓦多与秘鲁签署了《商业航空路线协定》，并开始自由贸易协定的谈判。

2010年9月10日，哥斯达黎加、萨尔瓦多、洪都拉斯和巴拿马同意启动与秘鲁的自由贸易协定谈判。谈判前期采取共同谈判模式，随后进入双边协定谈判阶段。第一轮谈判于2010年11月8～12日在秘鲁举行，危地马拉也参加了本轮谈判。第二轮谈判于2011年1月17～21日在巴拿马举行。第三轮谈判于2011年2月28日～3月4日在哥斯达黎加的圣何塞举行。小型一轮谈判于 2011 年 4 月 4~8 日在巴拿马举行。中美洲国家和秘鲁于 2011 年 5 月 6 日结束了自由贸易协定第四轮谈判。此后，双方虽在自由贸易协定方面进展停滞，但 2019 年双边贸易额为 1.02 亿美元。

第四节　与欧洲国家的关系

一　与西班牙的关系

1. 双边政治关系

萨尔瓦多与西班牙保持着稳定和友好的双边关系。在 1992 年萨尔瓦多和平协议的签署过程中，西班牙发挥了重要和积极的作用。

双边友好关系也体现为在多个国际论坛和组织中，如联合国，萨尔瓦多与西班牙在多项提名及决议中相互支持。

在防务领域，2008 年 6 月萨尔瓦多与西班牙签署协议，在接受西班牙武装部队三个月的培训后，萨尔瓦多士兵参加联合国驻黎巴嫩特派团的西班牙特遣队。

2. 双边经济关系

2018 年，西班牙向萨尔瓦多出口总额达到 2.57 亿美元，是萨尔瓦多全球第八大供应国。此外，西班牙还是萨尔瓦多第三大外国直接投资来源国。

在建立西班牙卡尔沃（Calvo）公司后，萨尔瓦多成为西班牙主要金枪鱼产品出口国。该公司的生产和销售额波动直接影响两国贸易情况。西班牙对萨尔瓦多的出口品类较为丰富，主要以工业产品为主，包括机械、化工产品、塑胶制品、药物、电子产品以及钢铁铸造品等。此外，还包括消费性产品，主要为书籍、瓷砖、服装、食品、汽车以及化妆品。西班牙从萨尔瓦多进口的产品相对单一，萨尔瓦多出口西班牙的产品以咖啡为主，传统上约占所有出口西班牙产品的 80%。近年来，金枪鱼排的出口不断增长，成为萨尔瓦多对西班牙主要出口产品。其他进口产品包括成衣、汽车配件以及电子产品及元部件。

在投资方面，自 20 世纪 90 年代末期，西班牙对萨尔瓦多投资飞速增长，主要得益于萨尔瓦多私有化进程的开启及金融服务部门的开放。西班牙公司，如毕尔巴鄂比斯开银行（BBVA）和曼弗雷保险集团（Mapfre）进入了萨尔瓦多养老金部门（尽管随后毕尔巴鄂比斯开银行出让了其参与权）和保险业。

西班牙相对萨尔瓦多的优势出口部门包括机器和机械设备、汽车和配件、化学药品、建筑材料、环境保护（水和废物处理、替代性能源）、工程服务、大型基础设施需求咨询（设计和监理）等。

西班牙与萨尔瓦多政府优先合作领域为能源领域，尤其是可再生能源领域。两国还在公共工程项目领域开展合作。此外，旅游业也是萨尔瓦多吸引外资的潜力行业，西班牙对该领域的直接投资不断增加。2016 年，西班牙巴塞罗集团对萨尔瓦多旅游业进行了投资。

为进一步提高医疗水平，萨尔瓦多进一步规范了药品行业管理，为增强与西班牙在制药技术等领域的合作，对西班牙实验室开放了市场的部分关键领域。

2015 年 11 月 30 日，双方第八届混委会签署并通过了《2015～2019 年西班牙和萨尔瓦多合作框架》。该文件深化了两国的发展合作关系，部分内容采纳了《2014～2019 年萨尔瓦多五年发展规划》中涉及的优先领域。该合作框架是两国广泛合作的良好例证。西班牙遵循合作框架，积极同萨尔瓦多开展合作。

二 与英国的关系

为了确保在英国"脱欧"之后，中美洲继续发展与英国的关系，2019 年 7 月 18 日，萨尔瓦多和其他中美洲 5 个国家（哥斯达黎加、危地马拉、洪都拉斯、尼加拉瓜和巴拿马）与英国签署了《大不列颠及北爱尔兰联合王国与中美洲联盟条约》，条约 2021 年 1 月 1 日开始生效。①

---

① Agreement Establishing an Association between the United Kingdom of Great Britain and Northern Ireland and Central America, Managua, 18 July 2019.

2019 年英国与萨尔瓦多的贸易总额为 5.86 亿美元，其中英国出口 1700 万美元，进口 5.69 亿美元。① 根据英国国际贸易部门的最新数据，2020~2021 年，英国对萨尔瓦多出口额为 3400 万英镑，萨尔瓦多在英国贸易伙伴中排第 152 位，占英国出口总额的近 0.1%。英国对萨尔瓦多出口的主要产品包括各类电子产品及其中间产品、非初级加工的塑料制品、各类制造业产品及其中间产品、家具、初级塑料产品等。根据萨尔瓦多政府提出的大力发展基础设施等领域投资的倡议，英国与萨尔瓦多探讨在港口、机场等领域加强投资与合作。

三　与法国的关系

1841 年，萨尔瓦多在中美洲联邦解体后获得独立。1858 年，萨尔瓦多与法国建交并签署《友好、贸易和航行条约》。之后，法国移民开始进入萨尔瓦多。1981 年，在萨尔瓦多内战中，法国与墨西哥合作，说服萨尔瓦多政府承认反对派武装，使他们能够参与谈判，为政治解决萨尔瓦多内战提供了可能。萨尔瓦多与法国都十分关注通过在中美洲的多边框架下开展区域一体化、民主安全、良政、法治和发展援助等方面的合作。两国还重视在双边层面保持政治上的高层往来，保持密切的政治关系。2013 年，两国庆祝建交 155 周年。法国负责对外援助的机构法国开发署在萨尔瓦多设立了办事机构。

两国加强文化和教育合作，致力于促进萨尔瓦多与法国的文化交流。法国政府支持修建圣萨尔瓦多法兰西学院（又称圣埃克苏佩里高中），该学院有 1300 多名学生。此外，圣萨尔瓦多设有一个法语联盟，培训法语教师和学生，并推广法语文化。2017 年 6 月，两国签署了文化、大学、科技合作框架协议。2018 年 3 月，两国还签署了互认文凭的协议。2019 年，有 230 名萨尔瓦多学生在法国接受高等教育。萨尔瓦多人是法国最大的中美洲学生群体。1943 年，法国作家安托万·德·圣埃克苏佩里（Antoine de Saint-Exupéry）出版了《小王子》一书。书中，玫瑰和星球等

---

① El Salvador, https：//oec. world/en/profile/country/slv/.

创作灵感均来自萨尔瓦多。

2019 年，双边贸易总额为 6990 万美元，其中萨尔瓦多进口 5760 万美元，出口 1230 万美元。[①]

第五节　与亚洲国家的关系

一　与印度的关系

1979 年 2 月 12 日，萨尔瓦多与印度建交。2004 年双方签署了建立外长级定期会晤机制的备忘录。2010 年 11 月，萨尔瓦多驻印度大使表示，印度是萨尔瓦多发展与亚洲经贸关系的中心。2011 年，两国签订了渔业和水产合作谅解备忘录。2012 年 8 月，两国首次举行外长对话，同月两国签署了科学、技术和发明合作协议。2011 年 3 月，萨尔瓦多副总统安娜·威尔玛·德·埃斯科瓦尔（Ana Vilma de Escobar）率团赴印度参加会议。2021 年 9 月 17 日，萨尔瓦多和印度在圣萨尔瓦多举行了第三次外交磋商，内容涉及健康、贸易和投资、旅游、能源、水产、交通、基础设施、文化等领域。

1. 双边贸易

2016 年萨尔瓦多和印度的双边贸易额为 0.75 亿美元，比上一年增长了 4.15%。其中，萨尔瓦多从印度的进口额为 0.69 亿美元，萨尔瓦多对印度的出口额为 618 万美元。萨尔瓦多从印度进口的产品主要是药品、有机化学品、塑料及其制品；对印度的出口主要是木材及其制品、钢铁等。2019 年，双边贸易额为 1.23 亿美元，其中绝大多数是印度对萨尔瓦多的出口。2010~2019 年，萨尔瓦多与印度的贸易额平均年增长 15% 左右，双边贸易规模还相对较小。面对新冠疫情的影响和世界贸易的变化，萨尔瓦多希望加强与印度的贸易关系，促使贸易多元化。萨尔瓦多对印度的医药产品、电子软件、影视作品、新能源、轻工业原料等商品的未来潜力十

---

① El Salvador, https://oec.world/en/profile/country/slv/.

分看好。此外，萨尔瓦多对印度作为新兴大国的未来发展和市场潜力也寄予希望。

2. 双边文化交流

1955 年，萨尔瓦多从印度购买了大象，安置在首都圣萨尔瓦多的国家动物园。印度大象名叫曼赫维拉（Manhewla），逐渐成为萨尔瓦多人的偶像，它也是当时萨尔瓦多唯一的大象。2011 年 1 月，曼赫维拉死亡。萨尔瓦多为此举行了隆重的悼念仪式。在萨尔瓦多，这样的悼念仪式仅为人类举办，曼赫维拉作为动物享受如此厚待在萨尔瓦多还是首次。

2008 年，萨尔瓦多和印度签署了建立 IT 培训中心的备忘录。该培训中心于同年启用，2011 年 6 月全部由萨尔瓦多管理。

2013 年，印度向萨尔瓦多派遣了一名园艺师和一名热带水果（椰子和芒果）专家，与萨尔瓦多国家农业研究中心开展合作。

2015 年，印度文化委员会资助拉贾斯坦邦舞蹈团出访圣萨尔瓦多市，并进行演出活动。

2017 年 6 月 24 日，印度驻萨尔瓦多使馆在圣萨尔瓦多大学组织了第三届国际"瑜伽日"。

3. 援助与合作

在 1998 年米奇飓风侵袭萨尔瓦多后，印度向萨尔瓦多提供了 2.3 万美元的医疗援助。

2005 年，印度向萨尔瓦多提供了 1 万美元的医疗援助和 18 辆三轮摩托车。

2009 年 11 月，印度向萨尔瓦多捐助了 25 万美元，救援艾达飓风造成的灾难。

2011 年，印度捐助了 10 万美元，帮助萨尔瓦多赈灾。

2018 年，萨尔瓦多与印度签署了工业标准结构框架协议。

二 与巴勒斯坦的关系

萨尔瓦多与巴勒斯坦的关系有较长的历史。1892~1918 年，有近百名巴勒斯坦人陆续逃到萨尔瓦多，以躲避服兵役和第一次世界大战。1933

年萨尔瓦多通过法律禁止输入中东移民。然而，现在萨尔瓦多的巴勒斯坦裔已经发展到6万~10万人。2009年，有巴勒斯坦血统的萨尔瓦多总统安东尼奥·萨卡（Antonio Saca）访问了巴勒斯坦并会见了巴勒斯坦总理萨拉姆·法耶兹（Salam Fayyad）。2011年8月25日，毛利西奥·富内斯总统宣布萨尔瓦多政府承认巴勒斯坦建国。2011年9月，在第66届联合国大会发言时，其表示支持承认巴勒斯坦国。作为感谢，巴勒斯坦总统马哈茂德·阿巴斯（Mahmoud Abbas）于同年10月访问萨尔瓦多。同时，在2012年11月有关巴勒斯坦是否有权获得联合国"非成员观察国"的提议投票中，萨尔瓦多投出了支持票。2013年5月，两国建立外交关系。2019年6月，纳伊布·布克尔当选萨尔瓦多总统，他也带有巴勒斯坦血统。

三　与日本和韩国的关系

日本和韩国是与萨尔瓦多保持密切联系的国家，萨尔瓦多尤其关注同这两个亚洲国家的金融、投资、技术合作。此外，日本和韩国还分别通过日本国际协力机构（JICA）和韩国国际合作署（KOIKA）在当地的机构，开展同萨尔瓦多的文化合作。

2021年7月，日本外务大臣茂木敏充（Motegl Toshimitsu）出访中美洲时，会晤了萨尔瓦多外交部长亚历山德拉·赫尔（Alexandra Hill）。双方就基础设施、工业发展、人力资源等方面的合作进行了磋商；日本承诺为应对新冠疫情向萨尔瓦多提供援助；为解决中美洲移民问题提供帮助；在国际问题上两国进行合作。2022年3月11日，日本同萨尔瓦多签署协议，向萨方提供15.6325万美元，用于教育基础设施建设。2022年3月25日，日本与萨尔瓦多签署协议，将为其5个地区饮用水设施建设提供69.8735万美元资助。2022年9月26日，两国外长在日本会晤，日本将继续在抗击新冠疫情领域给予萨尔瓦多支持。

1962年8月，萨尔瓦多与韩国建立外交关系。2015年6月，韩国发起与包括萨尔瓦多在内的中美洲6个国家的FTA谈判。经过7轮谈判，2018年2月，中美洲6国中5国已经同意与韩国签署自由贸易协定。韩国与萨尔瓦多保持着政府间的战略伙伴关系。两国建交以来，主要合作领域包括健康、教育、创新、地方发展、农业、机构改革以及应对气候变化。物流基础设施建设是双方的新兴合作领域。经贸方面，近几年来，萨尔瓦多与韩国的进出口贸易实现了翻倍增长。但是，总规模仍十分有限。2020年，萨尔瓦多对韩国的进出口额分别为1.71亿美元和0.665亿美元。近25年来，韩国对萨尔瓦多出口额年均增长4.45%。韩国主要向萨尔瓦多出口的商品包括钢铁板、汽车、载重卡车等。萨尔瓦多向韩国出口的商品主要为粗糖、咖啡、工业脂肪酸、食用油及酒等。[①]

第六节　与中国的关系

2018年8月21日，中华人民共和国与萨尔瓦多共和国两国政府正式签署了《中华人民共和国和萨尔瓦多共和国关于建立外交关系的联合公报》，正式建立大使级外交关系。中国和萨尔瓦多两国建立外交关系的同时，萨尔瓦多即日断绝同台湾的"外交"关系。[②]

一　政治关系

2018年8月21日，萨尔瓦多外长卡斯塔内达访问中国，同中国国务委员兼外长王毅在北京签署《中华人民共和国和萨尔瓦多共和国关于建立外交关系的联合公报》。中萨建立大使级外交关系。

《中华人民共和国和萨尔瓦多共和国关于建立外交关系的联合公报》指出：中华人民共和国和萨尔瓦多共和国，根据两国人民的利益和愿望，兹决定自公报签署之日起相互承认并建立大使级外交关系。

两国政府同意在互相尊重主权和领土完整、互不侵犯、互不干涉内政、平等互利、和平共处的原则基础上发展两国友好关系。

---

① https://oec.world/es/profile/bilateral-country/kor/partner/slv.
② 《中国同萨尔瓦多的双边关系》（2019年1月），中华人民共和国外交部网站，https://www.fmprc.gov.cn/web/gjhdq_676201/gj_676203/bmz_679954/1206_680678/sbgx_680682/。

此后，双方进行了一系列的高层交往。2018 年 11 月，萨尔瓦多总统桑切斯对中国进行国事访问并出席首届中国国际进口博览会开幕式。习近平主席同其会谈，李克强总理、栗战书委员长分别会见。2018 年 8 月，代理总统职务第一指定人梅达多·冈萨雷斯·特雷霍访华。2018 年 9 月，总统法律顾问阿尔瓦拉多、经济部长罗德里格斯、农牧业部长奥特斯、中央储备银行行长卡夫雷拉、出口与投资促进会主席雷耶斯等高级官员分别来华访问。

2019 年 1 月、4 月，中萨双方使馆分别开馆。2019 年 2 月，萨尔瓦多举行了大选，选出新总统布克尔。中国表示，中方期待着同萨尔瓦多当选总统布克尔和他领导的新政府一道，推动中萨关系健康、稳定向前发展。中国和萨尔瓦多建交顺应历史进步潮流，符合国际法和国际关系基本准则，符合两国和两国人民的根本利益。中方在推进中萨关系时始终充分尊重萨方意愿，也同萨各界和有关各方深入沟通。① 2019 年 12 月 1～6 日，布克尔总统对华进行国事访问。习近平主席同其会谈，李克强总理、栗战书委员长分别会见。两国发表联合声明，双方签署 9 项合作协议。

除了两国建交公报外，两国还签署了一系列双边协议，涉及双方政治关系、发展战略合作、科技和创新合作、经贸和投资合作、基础设施领域合作、教育合作、工业领域合作、人力资源开发合作、金融合作、旅游合作、体育合作、农业合作等方面。

2022 年，萨尔瓦多与中国加强在各领域的关系。双方继续积极开展高层交往互动，国家图书馆、国家体育场、拉利伯塔德码头、伊洛潘戈湖供水等中国援萨项目有序展开，这些项目建成后将极大地促进萨尔瓦多社会、经济、文化、体育及生态领域发展，改善其民生福祉。

二　经贸关系

建交以来，在两国政府、行业协会和企业界共同努力下，中萨双方

---

① 《中方：期待同萨尔瓦多当选总统一道，推动中萨关系向前发展》，中国新闻网，2019 年 3 月 14 日，http://www.chinanews.com/gn/2019/03-14/8780492.shtml。

联合举办多场贸易投资促进活动，推动双边经贸合作。中国访萨经贸团组主要有：中国贸促会代表团在萨举办中华人民共和国贸易展览会（2018 年 11 月）；商务部贸促工作组在萨举办中萨企业贸易洽谈对接活动（2018 年 11 月）；中国人民银行金融研究所代表团赴萨介绍中国经济形势，开展双边金融交流（2018 年 12 月）；农业农村部渔业和水产养殖专家组赴萨促进两国相关领域技术交流和人员培训等合作（2019 年 1 月）。中拉合作基金首席执行官严启发（2019 年 5 月）、中国国际商会秘书长于建龙（2019 年 6 月）、中国贸促会副会长陈建安和张慎峰（2019 年 10 月和 12 月）等也先后访萨。2022 年 6 月，中国政府拉美事务特别代表邱小琪访问萨尔瓦多。另外，萨尔瓦多已经参加 3 届中国国际进口博览会。

2018 年中萨贸易额为 10.11 亿美元，其中中方出口 8.51 亿美元、进口 1.6 亿美元，同比分别增长 13.72%、10.09%、37.93%。中方主要出口商品有纺织品、鞋类、车辆、机械设备、化学品等，主要进口商品有电力机械、金属矿砂等。2019 年中萨贸易额为 11.4 亿美元，2020 年中萨贸易额为 11.1 亿美元。2021 年中萨贸易额为 17.3 亿美元，其中中方出口额为 15 亿美元，进口额为 2.3 亿美元，同比分别增长 55.9%、61.1% 和 27.4%。

据中国海关总署统计，2022 年 1~11 月，中萨双边进出口商品总额为 17.49 亿美元，同比增长 11.8%。其中，中国对萨出口 15.30 亿美元，同比增长 12.5%，主要出口产品包括自动机床、通信产品、化纤产品、化工产品、钢板等；中国自萨进口 2.19 亿美元，同比增长 7.2%。2022 年 11 月 7 日，萨尔瓦多最高法院宪法法庭发布公告，宣布针对萨尔瓦多同中国台湾地区"自贸协定"采取的保护措施失效。与此同时，布克尔政府宣布与中国政府启动双边自贸协定谈判相关进程。

三　旅游与人文交流

萨尔瓦多已经被确定为中国公民组团出境旅游目的地。截至 2019 年 1 月，中方在援外培训项下共为萨尔瓦多培训各类人员 120 人次。中萨建交后，我方应萨方要求，接收了 35 名萨尔瓦多在我国台湾地区和计划赴台湾奖学金生来大陆就学。[①] 2020/2021 学年，中方为萨方提供 45 名政府奖学金生名额。到 2020 年 6 月，中方在援外培训项下共为萨尔瓦多培训各类人员 280 余人次。

第七节 与国际组织的关系

萨尔瓦多一直注重提升国家在地区内部及国际社会的影响力。近年来，萨尔瓦多注重提升本国在地区一体化议程中的领导性作用，积极加强与地区国家的联系。在全球范围内，萨尔瓦多近年来关注人权保护问题。在地区范围内，萨尔瓦多提升了本国在拉美的影响力。2018 年萨尔瓦多当选为拉美和加勒比国家共同体轮值主席国，推动地区一体化进程，关注地区人民的发展、和平与团结。此外，2017 年，萨尔瓦多作为联合国人权委员会主席国主持移民问题地区性会议。萨尔瓦多还关注移民相关事务。因为萨尔瓦多移民主要居住在美国，历届萨尔瓦多政府均采取多边与双边政策相结合的方式，为其在美移民提供全过程保护。在萨尔瓦多·桑切斯·塞伦执政以来，截至 2017 年，萨尔瓦多通过中美洲北三角繁荣联盟，共计获得 9790 万美元现金援助，用以解决非法移民问题。同时，在双边领域，与美国政府续签了有关保护萨尔瓦多在美滞留移民人权的一揽子政策。萨尔瓦多是最早同联合国机构签署实施可持续发展目标计划的国家，成为全球 15 个尝试实践该计划的国家之一。[②]

萨尔瓦多虽然是中美洲小国，但在国际上非常活跃，参加了众多国际组织。

---

① 《中国同萨尔瓦多的双边关系》（2019 年 1 月），中华人民共和国外交部网站，https：//www. fmprc. gov. cn/web/gjhdq＿676201/gj＿676203/bmz＿679954/1206＿680678/sbgx＿680682/。

② 《萨尔瓦多与区域及国际组织》，http：//www. presidencia. gob. sv/la-politica-exterior-del-presidente-sanchez-ceren-fortalece-el-rol-de-el-salvador-en-el-mapa-internacional/。

1. 联合国

1945 年 10 月 24 日，萨尔瓦多作为创始成员加入联合国，还参与了联合国的多个机构，例如，联合国拉丁美洲和加勒比经济委员会、联合国粮食及农业组织、联合国国际原子能机构、国际农业发展基金、国际金融公司、国际劳工组织、联合国教科文组织、联合国工业发展组织、世界卫生组织等。萨尔瓦多还加入了其他重要的国际组织，如国际货币基金组织、世界银行、世界贸易组织等。

联合国在 2016~2020 年的《联合国发展援助框架》中，与萨尔瓦多主要进行五个方面的合作：基础性产品和服务；正规就业和宜居生活；合作共识协议、民主治理和公共政策；自主发展能力；适当的安全和居住环境。萨尔瓦多旨在通过与发展伙伴如政府、社会、私人公司和国际社会的合作，共同努力解决所面临的问题。经过各方的努力，联合国认为萨尔瓦多在上述方面均有所成就。联合国新的发展合作框架项目于 2022 年 1 月 1 日开始实施。

2. 欧盟

欧盟是中美洲的重要合作伙伴。1985 年双方达成《欧盟-中美洲合作框架协议》，2014 年《欧盟-中美洲政治对话与合作协定》正式实施。

在西班牙担任欧盟轮值主席国期间，萨尔瓦多积极推动《欧盟-中美洲联合协定》的磋商。2010 年，在西班牙马德里，成功召开欧盟-拉美和加勒比国家共同体峰会。萨尔瓦多随后于 2013 年 10 月 1 日率先在本国通过该协定。该协定涉及政治、贸易等领域的具体行动。

欧盟通过实施"普遍优惠制度"，授予萨尔瓦多以优惠条件进入市场的权利。在普惠制度下，萨尔瓦多还获得了促进可持续发展及提升政府执政能力的特别优惠制度。欧盟还实施了"普遍优惠制度升级版"，对所有工业产品及大部分农业及渔业产品实施关税优惠，用以支持开展有效改革，同时实施一系列改善政府治理条款的国家，萨尔瓦多就是进行改革并实施这些条款的国家之一。从 2013 年 10 月 1 日起，"普遍优惠制度升级版"由《欧盟-中美洲联合协定》替代。

1995 年，双方签署了《投资者相互促进和保护协定》（APPRI）。

2010 年 1 月 1 日，欧盟与萨尔瓦多签署了避免双重征税的协定。

3. 拉美地区的国际组织

萨尔瓦多是以下拉美地区国际组织的成员：拉美和加勒比国家共同体、美洲国家组织、中美洲议会、中美洲一体化体系（秘书处所在地）、美洲开发银行、中美洲经济一体化银行、中美洲共同市场、拉丁美洲经济体系、加勒比国家联盟、多米尼加–中美洲–美国自由贸易协定。萨尔瓦多还是拉丁美洲一体化协会的观察员。

萨尔瓦多与中美洲一体化体系之间的关系备受关注。中美洲一体化体系是一个旨在促进中美洲国家之间合作与发展的组织，其中包括众多国家如危地马拉、洪都拉斯、尼加拉瓜等。而萨尔瓦多作为这一体系中的成员国，其与中美洲一体化体系的关系尤为重要。

首先，萨尔瓦多与中美洲一体化体系的关系在经济方面具有重要意义。萨尔瓦多通过参与中美洲一体化体系，能够获得更多的经济机遇和资源。中美洲一体化体系的成员国之间有着密切的经济联系，通过相互合作和贸易往来，萨尔瓦多获益良多。同时，作为中美洲一体化体系的成员国，萨尔瓦多也能够参与到一体化体系的决策和规划中，从而为自身的经济发展提供更多的机会和支持。

其次，在政治和安全方面，中美洲一体化体系旨在促进中美洲国家之间的政治合作和安全保障，通过共同努力和协作，保障地区的和平与稳定。作为中美洲一体化体系的成员国，萨尔瓦多能够与其他国家共同应对各种挑战和威胁，维护地区的和平与安全。

中美洲一体化体系最重要的常设机构设在萨尔瓦多，使萨尔瓦多具有"常务"东道主的便利。2023 年萨尔瓦多担任中美洲一体化体系轮值主席国，发挥和展示萨尔瓦多在中美洲一体化体系中的优势。

萨尔瓦多与中美洲一体化体系之间是相互促进、互利共赢的关系。通过参与中美洲一体化体系，萨尔瓦多能够获得更多的经济机遇和资源，同时也能够参与地区的政治合作和安全保障。

此外，萨尔瓦多还签署了《中美洲安全协定》、《巴塞尔公约》、《生物多样性公约》、《国际重要湿地公约》（又称《拉姆萨尔公约》）、《濒临绝种野生动植物国际贸易公约》（CITES）、《京都议定书》、《全面禁止核试验条约》、《联合国防治荒漠化公约》、《中美洲－美国共同宣言》等。①

---

① Worldmark Encyclopedia of Nations, El Salvador, https：//www. encyclopedia. com/places/latin－america－and－caribbean/salvadoran－political－geography/el－salvador # FOREIGN ＿ INVESTMENT.

大事纪年

公元前 1000~前 400 年	源于墨西哥南部的美索美洲文明出现，引领萨尔瓦多进入新兴文明时期。
公元 500~1350 年	萨尔瓦多出现皮皮尔帝国，生产发展，贸易活跃。
1524 年	西班牙人佩德罗·德·阿尔瓦拉多从危地马拉进入萨尔瓦多。次年，他在圣萨尔瓦多建立了第一个西班牙定居点，开始了殖民统治。
1821 年 9 月 15 日	萨尔瓦多脱离西班牙殖民统治独立。
1822 年 6 月	危地马拉入侵萨尔瓦多。
1823 年 7 月 1 日	中美洲联邦成立，随后墨西哥军队撤出萨尔瓦多。
1824 年	萨尔瓦多颁布第一部宪法。 曼努埃尔·何塞·阿尔塞上校建立萨尔瓦多武装部队。 萨尔瓦多陆军成立。
1832 年	萨尔瓦多开始普及基础教育，并在各省市设立小学，由市政府出资。
1841 年 1 月	萨尔瓦多脱离中美洲联邦，宣布独立。
1857 年	萨尔瓦多颁布民法典和刑法典。
1858 年	萨尔瓦多与法国建交并签署《友好、贸

易和航行条约》。

1863 年 6 月 15 日	萨尔瓦多与美国正式建立外交关系。
1879 年 9 月 15 日	胡安·何塞·卡尼亚斯作词的《自豪地向我们的祖国致敬》被选为国歌。
1911 年 3 月 1 日	萨尔瓦多政府发布公报，成立了"农业秘书处"。
1915 年 5 月 10 日	萨尔瓦多《新闻统计》创立。
1923 年 3 月 20 日	萨尔瓦多空军成立。
1930 年	萨尔瓦多共产党成立。
1936 年 5 月 2 日	萨尔瓦多《今日早报》首次发行。
1941 年	萨尔瓦多爆发反对马丁内斯统治的民主运动。
1945 年 10 月 24 日	萨尔瓦多作为创始成员加入联合国。
1946 年	萨尔瓦多正式成立农业和工业部。
1952 年 10 月 12 日	萨尔瓦多海军成立。
1960 年 11 月 25 日	萨尔瓦多基督教民主党成立。
1969 年 7 月 14 日	萨尔瓦多与洪都拉斯发生武装冲突，也被称为"足球战争"。
1980 年	萨尔瓦多加入《圣何塞协定》，成为该地区性协议成员国。
1981 年 1 月	马蒂民族解放阵线（1980 年成立）向政府军发起进攻。
1981 年 9 月 30 日	罗伯特·德阿武因松创立了萨尔瓦多的右翼保守政党民族主义共和联盟。
1985 年	萨尔瓦多等中美洲国家代表与欧盟达成《欧盟-中美洲合作框架协议》。
1992 年	海牙国际法院裁决处理萨尔瓦多与洪都拉斯的领土纠纷。
	萨尔瓦多政府与马蒂民族解放阵线达成

	《巩固和平协议》，内战结束。
1993 年 7 月	萨尔瓦多与墨西哥成立双边委员会。
1995 年	欧盟与萨尔瓦多签署并实施《投资者相互促进和保护协定》（APPRI）。
1997 年	萨尔瓦多成立了旅游专门管理机构"萨尔瓦多旅游公司"。
1999 年	萨尔瓦多实施《投资法》。
2000 年底	萨尔瓦多步入中等收入国家的行列。
2001 年	萨尔瓦多发生里氏 7.6 级和里氏 6.6 级两次地震，造成超过 1000 人死亡。
2004 年	中美洲 5 国尼加拉瓜、洪都拉斯、萨尔瓦多、危地马拉、哥斯达黎加与多米尼加和美国签署了自由贸易协定，即《多米尼加–中美洲–美国自由贸易协定》。
2007 年 6 月	第 30 次中美洲国家首脑会议通过《圣佩德罗宣言》，宣布将启动中美洲与欧盟伙伴关系协定谈判，协定由自由贸易协定、政治对话机制、合作机制三部分组成。
2007 年 12 月	第 31 次中美洲国家首脑会议上，萨尔瓦多同其他中美洲一体化体系成员国签署了《建立中美洲关税同盟的框架协议》，该地区一体化迈出重要一步。
2008 年 6 月	萨尔瓦多与西班牙签署协议，在接受西班牙武装部队三个月的培训后，萨尔瓦多士兵参加联合国驻黎巴嫩特派团的西班牙特遣队。
2008 年 10 月	萨尔瓦多与西班牙签署了首份《合作基础性协定》。
2009 年	马蒂民族解放阵线领导的左翼政党在选举

中获胜，开始执政。

2010 年　　　萨尔瓦多推动并参与的欧盟－拉美和加勒比国家共同体峰会在西班牙马德里成功召开。

萨尔瓦多与秘鲁签署了《商业航空路线协定》。

欧盟与萨尔瓦多签署避免双重征税的协定。

萨尔瓦多民族团结大联盟成立。

5 月，萨尔瓦多参与的中美洲与欧盟伙伴关系协定谈判结束。

2011 年　　　包括萨尔瓦多在内的中美洲国家与墨西哥在圣萨尔瓦多共同签署《单一自由贸易协定》，代替之前地区各国同墨西哥所签署的协定。

萨尔瓦多与巴拿马建立萨尔瓦多－巴拿马双边委员会。

富内斯总统宣布萨尔瓦多政府承认巴勒斯坦建国。

萨尔瓦多与古巴签署多项合作协议。

2012 年　　　阿根廷外长访问萨尔瓦多，为密切双边关系奠定了基础，双方共同探讨达成战略合作协议。

萨尔瓦多与智利签署《航空运输协定》。

萨尔瓦多与尼加拉瓜继续推进同洪都拉斯的三国委员会工作，积极开展有关强化港口基础设施、防务、安全的项目。

中美洲 6 国尼加拉瓜、巴拿马、洪都拉斯、萨尔瓦多、危地马拉、哥斯达黎加与欧盟在洪都拉斯最终签署协定。

2013 年 4 月 5 日	萨尔瓦多与阿根廷签署《共同利益事项磋商机制》以及《双方战略合作伙伴计划》。
2013 年 5 月	萨尔瓦多与巴勒斯坦建立外交关系。
2013 年 12 月	欧盟宣布将在未来 6 年提供 12 亿美元支持中美洲经济一体化、安全和气候变化等领域合作项目。
2014 年	萨尔瓦多所在的中美洲一体化体系与欧盟签署的《欧盟-中美洲政治对话与合作协定》正式实施。 马解阵线的萨尔瓦多·桑切斯·塞伦当选总统，左翼政党继续执政。
2015 年 7 月 23 日	萨尔瓦多颁布《监督规范金融机构法》。
2015 年 11 月 30 日	萨尔瓦多与西班牙在第八届双边混委会签署并通过了《2015～2019 年西班牙和萨尔瓦多合作框架》。
2016 年 12 月	在第 48 次中美洲国家首脑会议上，萨尔瓦多等 7 个成员国签署了支持保障中美洲北三角国家在美非法移民权益的联合声明。
2017 年 4 月 1 日	萨尔瓦多政府与联合国合作的《萨尔瓦多国家战略规划（2017～2021）》开始实施。
2017 年 6 月	第 49 次中美洲国家首脑会议通过旨在"制定地区战略议程，实现可持续发展目标"的《圣何塞宣言》。
2017 年 12 月	第 50 次中美洲国家首脑会议通过《中美洲交通物流区域政策框架》，以促进人员、资金和货物流动。

2018 年 6 月	第 51 次中美洲国家首脑会议通过了《圣多明各宣言》《加强中美洲一体化体系体制建设特别声明》《关于尼加拉瓜局势特别声明》等，并就域内外热点问题协调立场。
2018 年 8 月	萨尔瓦多通过《拥护草案》，建立与洪都拉斯和危地马拉海关联盟。 萨尔瓦多宣布与中国建交，并同时断绝与台湾的"邦交"关系。9 月，总统法律顾问阿尔瓦拉多、经济部长罗德里格斯、农牧业部长奥特斯、中央储备银行行长卡夫雷拉、出口与投资促进会主席雷耶斯访华。
2018 年 11 月	萨尔瓦多总统桑切斯对中国进行国事访问，并出席首届中国国际进口博览会。 萨尔瓦多正式加入与洪都拉斯和危地马拉共同组成的海关联盟。
2018 年 12 月	第 52 次中美洲国家首脑会议通过了《伯利兹宣言》和《关于咖啡种植、贸易的特别声明》，批准吸纳加拿大、玻利维亚、俄罗斯、瑞典、埃及、格鲁吉亚为观察员。
2019 年 1 月、4 月	中萨双方使馆分别开馆。
2019 年 2 月 3 日	民族团结大联盟候选人布克尔以超过 53%的得票率当选总统，并于 6 月 1 日就职，任期至 2024 年 5 月。
2019 年 2 月 13 日	在巴黎举行的经合组织发展中心的会议上，萨尔瓦多成为其第 53 位成员。
2019 年 12 月 1~6 日	布克尔总统对中国进行国事访问。习近平

	主席同其会谈。
2022 年 1 月 20 日	栗战书委员长同萨国民议会议长卡斯特罗视频会晤，就双边关系及立法机构交流合作交换意见。
2024 年 2 月	布克尔成功胜选连任，成为萨尔瓦多民主化以来首位连任的总统，并于 6 月 1 日就职。

参考文献

一 中文文献

国际货币基金组织：《贸易统计指南》。

李春辉、杨生茂主编《美洲华人华侨史》，东方出版社，1990。

李明德主编《拉丁美洲和中拉关系——现在与未来》，时事出版社，2001。

〔美〕林恩·福斯特：《中美洲史》，张森根、陈会丽译，中国出版集团，2011。

毛相麟等编著《中美洲加勒比国家经济》，社会科学文献出版社，1987。

孟淑贤主编《中美洲各国概况》，世界知识出版社，1997。

世界银行：《世界发展报告》。

〔苏〕斯洛尼姆斯基：《拉丁美洲的音乐》，吴佩华译，人民出版社，1983。

苏振兴主编《拉丁美洲的经济发展》，经济管理出版社，2002。

汤小棣、张凡编著《尼加拉瓜巴拿马》，社会科学文献出版社，2009。

〔苏〕叶菲莫夫、托卡列夫主编《拉丁美洲各族人民》，李毅夫等译，三联书店，1978。

中国国际贸易促进委员会编《萨尔瓦多投资环境简介》。

二　外文文献

Joan Didion, *Salvador*, Vintage ed April 26, 1994.

Alicia Z. Klepeis, *El Salvador*（*Exploring World Cultures*）, Cavendish Square ed December 15, 2019.

Hugh Byrne, *El Salvador's Civil War: A Study of Revolution*, Lynne Rienner Pub ed October 31, 1996.

三　主要网站

中华人民共和国外交部网站, https://www. fmprc. gov. cn。

中华人民共和国驻萨尔瓦多大使馆网站, http://sv. china - embassy. gov. cn/。

中国网, http://www. china. com. cn。

中国新闻网, http://www. chinanews. com。

维基百科, http://zh. wikipedia. org/。

世界银行, http://databank. shihang. org/data/home. aspx。

国际货币基金组织网站, https://www. imf. org。

全球安全组织网站, https://www. globalsecurity. org/military/world/ centam/sv-forrel. htm。

西班牙外交部网站, http://www. exteriores. gob. es。

萨尔瓦多总统府网站, http://www. presidencia. gob. sv/。

萨尔瓦多共和国信息公开网, https://www. transparencia. gob. sv/ institutions/capres。

萨尔瓦多议会网, https://www. asamblea. gob. sv/。

萨尔瓦多最高选举委员会网站, https://www. tse. gob. sv。

萨尔瓦多政府项目网站, http://e. issuu. com/embed. html#13512376/ 10226564。

索　引

新版《列国志》总书目

非洲

阿尔及利亚

埃及

埃塞俄比亚

安哥拉

贝宁

博茨瓦纳

布基纳法索

布隆迪

赤道几内亚

多哥

厄立特里亚

佛得角

冈比亚

刚果

刚果民主共和国

吉布提

几内亚

几内亚比绍

加纳

加蓬

津巴布韦

喀麦隆

科摩罗

科特迪瓦

肯尼亚

莱索托

利比里亚

利比亚

卢旺达

马达加斯加

马拉维

马里

毛里求斯

毛里塔尼亚

摩洛哥

莫桑比克

纳米比亚

南非

南苏丹

尼日尔

尼日利亚

塞拉利昂

塞内加尔

塞舌尔

圣多美和普林西比

斯威士兰

苏丹

索马里

坦桑尼亚

突尼斯

乌干达

赞比亚

乍得

中非

欧洲

阿尔巴尼亚

爱尔兰

爱沙尼亚

安道尔

奥地利

白俄罗斯

保加利亚

北马其顿

比利时

冰岛

波兰

波斯尼亚和黑塞哥维那

丹麦

德国

俄罗斯

法国

梵蒂冈

芬兰

荷兰

黑山

捷克

克罗地亚

拉脱维亚

立陶宛

列支敦士登

卢森堡

罗马尼亚

马耳他

摩尔多瓦

摩纳哥

挪威

葡萄牙

瑞典

瑞士

塞尔维亚

塞浦路斯

圣马力诺

斯洛伐克

斯洛文尼亚

乌克兰

西班牙

希腊

匈牙利

意大利

英国

美洲

阿根廷

安提瓜和巴布达

巴巴多斯

巴哈马

巴拉圭

巴拿马

巴西

秘鲁

玻利维亚

伯利兹

多米尼加

多米尼克

厄瓜多尔

哥伦比亚

哥斯达黎加

格林纳达

古巴

圭亚那

海地

洪都拉斯

加拿大

美国

墨西哥

国别区域与全球治理数据平台

www.crggcn.com

"国别区域与全球治理数据平台"（Countries，Regions and Global Governance Data Platform，CRGG）是社会科学文献出版社重点打造的学术型数字产品，对接新一级交叉学科区域国别学，围绕国别研究、区域研究、国际组织研究、全球智库研究等领域，全方位整合一手数据、基础信息、科研成果，文献量达30余万篇。该产品已建设成为国别区域与全球治理数据资源与研究成果整合发布平台，可提供包括资源获取、科研技术服务、成果发布与传播等在内的多层次、全方位的学术服务。

从国别区域和全球治理研究角度出发，"国别区域与全球治理数据平台"下设国别研究数据库、区域研究数据库、国际组织数据库、全球智库数据库、学术专题数据库、学术资讯数据库和辅助资料数据库7个数据库。在资源类型方面，除专题图书、智库报告和学术论文外，平台还包括数据图表、档案文献和学术资讯。在文献检索方面，平台支持全文检索、高级检索，并可按照相关度和出版时间进行排序。

"国别区域与全球治理数据平台"应用广泛。针对高校及区域国别科研机构，平台可提供专业的知识服务，通过丰富的研究参考资料和学术服务推动区域国别研究的学科建设与发展，提升智库学术科研及政策建言能力；针对政府及外事机构，平台可提供咨政参考，为相关国际事务决策提供理论依据与资讯支持，切实服务国家对外战略。

数据库体验卡服务指南

※100元数据库体验卡，可在"国别区域与全球治理数据平台"充值和使用

充值卡使用说明：
第1步 刮开附赠充值卡的涂层；
第2步 登录国别区域与全球治理数据平台（www.crggcn.com），注册账号；
第3步 登录并进入"会员中心"→"在线充值"→"充值卡充值"，充值成功后即可使用。

声明

最终解释权归社会科学文献出版社所有

客服电话：010-59367072
客服邮箱：crgg@ssap.cn

欢迎登录社会科学文献出版社官网（www.ssap.com.cn）和国别区域与全球治理数据平台（www.crggcn.com）了解更多信息

图书在版编目（CIP）数据

萨尔瓦多 / 韩晗，刘凡平编著. --北京：社会科
学文献出版社，2024.9
（列国志：新版）
ISBN 978-7-5228-2185-6

Ⅰ.①萨… Ⅱ.①韩… ②刘… Ⅲ.①萨尔瓦多-概
况 Ⅳ.①K974.4

中国国家版本馆 CIP 数据核字（2023）第 141225 号

·列国志（新版）·

萨尔瓦多（El Salvador）

编 著／韩 晗 刘凡平

出 版 人／冀祥德
组稿编辑／张晓莉
责任编辑／叶 娟
责任印制／王京美

出 版／社会科学文献出版社·区域国别学分社（010）59367078
地址：北京市北三环中路甲 29 号院华龙大厦 邮编：100029
网址：www.ssap.com.cn
发 行／社会科学文献出版社（010）59367028
印 装／三河市尚艺印装有限公司

规 格／开 本：787mm×1092mm 1/16
印 张：15.5 插 页：0.75 字 数：228 千字
版 次／2024 年 9 月第 1 版 2024 年 9 月第 1 次印刷
书 号／ISBN 978-7-5228-2185-6
定 价／79.00 元

读者服务电话：4008918866